AF485065

TOMÁS A. ARIAS CASTILLO

Universidad Central de Venezuela: Abogado, Especialista en Derecho Administrativo, Profesor de Pregrado y Postgrado.

Universidad de Alicante: Especialista y Máster en Argumentación Jurídica.

Centro de Estudios Políticos y Constitucionales: Diploma en Derecho Constitucional y Ciencia Política.

Universidad Carlos III de Madrid: Grado en Derecho, Máster Oficial en Derecho Público y Doctorado en Derecho.

CEF-UDIMA: Máster de Acceso a la Abogacía.

Universidad Francisco Marroquín: Catedrático de la Escuela de Posgrado.

LA REVIVISCENCIA DE LAS LEYES: UNA POTESTAD DISCRECIONAL DE LOS TRIBUNALES CONSTITUCIONALES

ESPECIAL REFERENCIA AL CASO VENEZOLANO

Título: La reviviscencia de las leyes: una potestad discrecional de los tribunales constitucionales. Especial referencia al caso venezolano

Para mi hijo, Marcelo Arias Pérez, nacido en Madrid, España, en julio de 2008, durante mi estancia de estudios (2006-2008) en la Universidad Carlos III de Madrid y en el Centro de Estudios Políticos y Constitucionales.

ÍNDICE

PRIMERA PARTE:

Introducción al tema de la reviviscencia de las leyes por parte de los órganos encargados del control concentrado de la constitucionalidad

SEGUNDA PARTE:

Los fundamentos y alcances del control de constitucionalidad y la discrecionalidad judicial

SEXTA PARTE:

Contra la reviviscencia por parte del juez constitucional de textos legales, con el propósito de subsanar omisiones legislativas absolutas en Venezuela

PRÓLOGO

AL LIBRO DE TOMÁS **A. ARIAS CASTILLO**
LA REVIVISCENCIA DE LAS LEYES: UNA POTESTAD DISCRE-
CIONAL DE LOS TRIBUNALES CONSTITUCIONALES. ESPECIAL
REFERENCIA AL CASO VENEZOLANO

Allan R. Brewer-Carías
Profesor emérito, Universidad Central de Venezuela

Hans Kelsen en su clásico estudio sobre "La garantía jurisdiccional de la Constitución (La justicia constitucional)" (1928) constató como cuestión de principio que:

> "la anulación de una ley por el Tribunal Constitucional no aca-rrea, absolutamente, el restablecimiento de la situación jurídica existente antes de la entrada en vigor de la ley anulada: la anula-ción no hace revivir la antigua ley referida al mismo objeto y que la ley anulada abrogó. De la anulación resulta, por así decirlo, una esfera vacía de derecho. Una materia que hasta entonces se encontraba regulada, deja de serlo, las obligaciones jurídicas des-aparecen, la libertad jurídica les sucede".

Pudiendo este principio acarrear lamentables consecuencias, en particular, si la anulación de la ley es por vicio en la forma producido durante su elaboración, Kelsen propuso que se podría pensar en otro medio, y era:

> "facultar al Tribunal Constitucional a establecer —conjuntamen-te con la resolución que anula la norma general— que las normas generales que regían la materia con anterioridad a la ley anulada vuelvan a entrar en vigor. Sería entonces prudente dejar al propio Tribunal el cuidado de decidir en qué caso se puede hacer uso de este poder de restablecimiento de la anterior situación jurídica. Sería lamentable que la Constitución hiciera de la reaparición de

este estado una regla general imperativa en el caso de la anulación de normas generales"[1].

La posibilidad de reviviscencia de una ley derogada como resultado de la anulación de la ley derogatoria, en efecto, en virtud de que afecta el principio de la separación de podres porque convierte al Juez Constitucional en legislador positivo, desde la misma concepción del sistema de control concentrado de la constitucionalidad por uno de sus creadores, es un tema de derecho positivo, en el sentido de que debe tratarse de una competencia atribuida al Tribunal Constitucional, lo cual como lo destacamos hace unos años[2], ha ocurrido por ejemplo en Austria, Portugal y Bélgica[3], a pesar de que en otros países como Polonia, México y Costa Rica es el Tribunal Constitucional el que puede decidir en la materia[4].

Este tema de la reviviscencia de las leyes es precisamente el objeto de estudio de este excelente libro de Tomás A. Arias Castillo, inicialmente publicado en Caracas, en 2015, en los Cuadernos de la Cátedra Fundacional Allan R. Brewer-Carías, Universidad Católica Andrés Bello, por la Editorial Jurídica Venezolana y por la Fundación Estudios de Derecho Administrativo (FUNEDA); que ahora sale publicado en las ediciones conjuntas entre Ediciones Olejnik y la Editorial Jurídica Venezolana. El trabajo tuvo su origen en la *Tesina* que defendió el autor, en mayo de 2011, cuando culminó el Máster Oficial en Derecho Público de la Universidad Carlos III de Madrid, dirigido por los profesores Luciano Parejo Alfonso y Tomás de la Quadra-Salcedo, con la tutoría del profesor José María Sauca. Arias Castillo tiene la condición no muy común de ser abogado en ejercicio en España y Venezuela (colegiado en Madrid y Caracas), así como profesor de Derecho Público (Constitucional y Administrativo) y de Filosofía del Derecho. Se graduó en Derecho, obtuvo el Máster en Derecho Público y es tesista

---

1   Véase Hans Kelsen, *La garantía jurisdiccional de la Constitución (La justicia constitucional)*, Universidad Nacional Autónoma de México, México 2001, p. 84; y en *Anuario Iberoamericano de Justicia Constitucional*, No. 15, Madrid 2011, p. 289.

2   Véase Allan R. Brewer-Carías, *Constitucional Courts as Positive Legislators*, Cambridge University Press, New York, 2011.

3   Véase Christian Behrendt, *Le judge constitutionnel, un législateur-cadre positif. Un analyse comparative en droit francais, belge et allemande*, Bruylant, Brussels 2006, pp. 280, 281, 436–437.

4   Véase Héctor Fix Zamudio y Eduardo Ferrer Mac Gregor, *Las sentencias de los Tribunales Constitucionales*, Ed. Porrúa, Mexico City, pp. 63–64, 74; "Las sentencias de los Tribunales Constitucionales en el ordenamiento mexicano," *Anuario Iberoamericano de Justicia Constitucional*, Centro de Estudios Políticos y Constitucionales, n° 12, 2008, Madrid 2008, p. 252. Véase Iván Escovar Fornos, *Estudios Jurídicos*, Vol. I, Ed. Hispamer, Managua 2007, p. 513; y "Las sentencias constitucionales y sus efectos en Nicaragua," *Anuario Iberoamericano de Justicia Constitucional*, Centro de Estudios Políticos y Constitucionales, n° 12, 2008, Madrid 2008, p. 114.

del Doctorado en Derecho de la Universidad Carlos III de Madrid; y se graduó de Abogado y Especialista en Derecho Administrativo por la Universidad Central de Venezuela, donde es profesor de pregrado y postgrado. Es además Especialista y Máster en Argumentación Jurídica por la Universidad de Alicante; es Especialista en Derecho Constitucional y Ciencia Política por el Centro de Estudios Políticos y Constitucionales (Presidencia del Gobierno, Reino de España) y es Máster en Práctica de la Abogacía por el CEF-UDIMA habiendo aprobado el Examen de Abogacía del Ministerio de Justicia en España.

Con todas estas credenciales, nadie mejor que Tomás Arias para acometer este estudio sobre un tema respecto del cual no había antecedentes de una monografía al respecto, en el cual aborda el tema dividiéndolo en seis partes:

En la primera, a manera de *Introducción*, analiza en general el tema de la reviviscencia de las leyes, como reotorgamiento de vigencia a textos derogados, que hacen los tribunales constitucionales en el ejercicio de sus competencias como guardianes de la Constitución; tema que, en cierta forma, afirma, afecta sensiblemente la certeza del Derecho.

En la segunda parte, Arias analiza el tema general de los *fundamentos y alcances del control de constitucionalidad* en una sociedad democrática y con cuáles límites, analizando la posición de Jeremy Waldron, quien plantea que dicha función debería alojarse en el parlamento.

En la tercera parte, estudia el tema de la *derogación de los actos estatales*, la que, por sí sola, no implica la reviviscencia de un texto legal anterior; teoría, que entiende debe estudiarse y revisarse pues tiene implicaciones precisamente con la reviviscencia de las leyes por parte de los tribunales constitucionales.

En la cuarta parte, analiza la *propuesta ya mencionada de Kelsen*, de confiar en el Tribunal Constitucional una potestad discrecional a la hora de revivir textos legales derogados, en el marco del ejercicio de las funciones de control de constitucionalidad, analizando la jurisprudencia más sobresaliente en la materia en Italia y en España.

En la quinta parte, estudia los *casos de reviviscencia de leyes en Venezuela*, que es la parte más gruesa de la obra, analizando la jurisprudencia de la Sala Constitucional del Tribunal Supremo de Justicia venezolano, el cual considera que ha usado la reviviscencia de forma bastante irregular, cual si fuese un legislador positivo y muchas veces con la misión no declarada de subsanar los terribles desórdenes de la función legislativa en Venezuela, haciendo referencia a lo que denominó como los casos más escandalosos relativos al Decreto Ley en materia de paro forzoso (1999), por la nueva legislación en materia de seguridad social, de 2002; a la regulación transitoria del contencioso administrativo en la Ley Orgánica de la Corte Suprema de Justicia

(1976, por la Ley Orgánica del TSJ, de 2004); y a Ley de Empresas de Seguros y Reaseguros (2001).

Y en la sexta parte, el autor formula su posición *en contra de la reviviscencia de textos legales con el propósito de subsanar omisiones legislativas*, estudiando la jurisprudencia del Tribunal Supremo de Venezuela en la materia que a su juicio mostró la peor cara del control de constitucionalidad de las leyes en Venezuela: arbitrariedad, pésima técnica jurídica, mera casuística y nula certeza o seguridad jurídica. La enseñanza más útil del estudio de Tomás Arias es que la reviviscencia no puede ser un medio para subsanar omisiones legislativas o, lo que es lo mismo: so pretexto de laxitud en el ejercicio de la función legislativa del parlamento, no es solución alguna que los tribunales constitucionales revivan leyes derogadas con el supuesto fin de colmar lagunas normativas. Ello no sólo convierte a estos tribunales en legisladores positivos, sino en actores políticos sin control alguno bajo procedimientos democráticos.

Se trata de un excelente y detallado estudio de un tema viejo en materia de control de constitucionalidad de las leyes, pero que no había sido abordado monográficamente como nos lo presenta Arias.

Por ello, como homenaje al autor, quiero hacer referencia a uno de los primeros casos jurisprudenciales en los cuales el Tribunal Supremo de Justicia recurrió a la reviviscencia de la una ley, con fines muy poco plausibles, como fue la intervención del Consejo Nacional Electoral para impedir que funcionara y así impedir que se pudiera realizar en el país el referendo consultivo sobre la renuncia del entonces Presidente Chávez, que se había solicitado por iniciativa popular en 2002 y que llegó a convocarse para febrero de 2003. Con ello se comenzó a poner en evidencia en Venezuela, el rol que ha jugado por el Tribunal Supremo de Justicia en el proceso de desmantelamiento del Estado de derecho en Venezuela.

Después de la sanción de la Ley Orgánica del Poder Electoral en 2002[5], y dada la relativa autonomía que tuvo el Consejo Nacional Electoral, en particular respecto del Poder Ejecutivo, la vía utilizada por éste para la toma de control del Poder Electoral y en particular del Consejo Nacional Electoral, fue precisamente la Sala Constitucional del Tribunal Supremo, comenzando incluso a asumir la conducción de la política gubernamental en materia electoral, en defensa de las posiciones del gobierno, no ejerciendo su jurisdicción constitucional, por ejemplo, anulando leyes, sino decidiendo asuntos de oficio, *motu proprio*, generalmente incluso después de declarar sin lugar acciones intentadas, e incluso recurriendo al expediente de la pervivencia de las leyes.

---

5   Véase en *Gaceta Oficial* N° 37.573 de 19-11-2002.

La primera manifestación de este proceso tuvo por objeto impedir en 2003 que el Consejo Nacional Electoral, en ejercicio de sus competencias, pudiera convocar un referendo revocatorio del mandato del Presidente de la República tal como la oposición al gobierno del Presidente Chávez lo había solicitado mediante la recolección y consignación ante dicho organismo de millones de firmas.

A tal efecto, la Sala Constitucional, al declarar sin lugar un recurso de inconstitucionalidad que había ejercido el propio Presidente de la República contra una Disposición Transitoria de la Ley Orgánica de los Procesos Electorales, en un *obiter dictum* y por tanto, de oficio, contenido en la sentencia N° 2747 de 7 de noviembre de 2002[6,] consideró que dicha Ley resultaba "inaplicable" en materia de quórum para que el Consejo Nacional Electoral pudiera decidir, impidiéndole entonces a dicho órgano poder tomar decisión alguna, al considerar la Sala que debía hacerlo con una mayoría calificada de 4/5 que no estaba prevista en la Ley (la cual disponía la mayoría de 3/5).

Para lograr ese efecto, la Sala Constitucional, en dicha sentencia, tuvo que "revivir" una previsión que estaba en el derogado Estatuto Electoral transitorio que se había dictado en 2000 sólo para regir las primeras elecciones de acuerdo con la nueva Constitución de 1999 y que tuvieron lugar en ese preciso año 2000; Estatuto que, por tanto, ya había cesado de tener efectos.

Con dicha decisión, por la composición que en aquél entonces tenía el Consejo Nacional Electoral, la Sala Constitucional impidió que dicho órgano pudiera funcionar, y que entre otras decisiones, pudiera darle curso efectivo a la iniciativa popular respaldada por más de tres millones de firmas para realizar un referendo consultivo para preguntarle al pueblo si *"está (…) de acuerdo con solicitar al Presidente de la República Ciudadano Hugo Rafael Chávez Frías la renuncia voluntaria a su cargo,"* que el Consejo Nacional Electoral previamente había convocado mediante Resolución N° 021203-457 del 3 de diciembre de 2002 para el día 2 de febrero de 2003.

Para asegurar la inefectividad de dicho referendo, para el caso de que llegara a realizarse, la Sala Constitucional dictó la sentencia N° 23 de 22 de enero de 2003 (Caso: *Interpretación del artículo 71 de la Constitución*), estableciendo como interpretación vinculante que el referendo consultivo regulado en dicha norma como medio de participación política, "no tiene carácter vinculante"[7].

---

6   Véase Sentencia N° 2747 de 7 de noviembre de 2002 (Exp. 02-2736). Disponible en: http:// historico.tsj.gob.ve/decisiones/scon/noviembre/2747-071102-02-2736%20.HTM

7   Véase Sentencia N° 23 de 22 de enero de 2003 (Caso: *Interpretación del artículo 71 de la Constitución*), en *Revista de Derecho Público*, N° 93-96, Editorial Jurídica Venezolana, Caracas 2003. Disponible en: http://historico.tsj.gob.ve/decisiones/scon/enero/03-0017.HT

La decisión N° 2747 de 7 de noviembre de 2002 de la Sala Constitucional, antes referida, "reviviendo" una ley derogada, significó, en la práctica, la parálisis total y absoluta del Poder Electoral, lo que se consolidó por decisión de otra Sala del Tribunal Supremo, la propia Sala Electoral, primero, impidiendo mediante sentencia N° 3 de 22 de enero de 2003 (Caso: *Darío Vivas y otros*) que uno de los miembros del Consejo pudiese votar[8], y segundo, anulando la convocatoria que había hecho el Consejo Nacional Electoral para la realización del referendo consultivo sobre la renuncia del Presidente que estaba convocado para el 2 de febrero de 2003.

Para ello, la Sala Electoral Accidental del Tribunal Supremo, muy diligentemente, al conocer de la impugnación de la referida Resolución del Consejo Nacional Electoral de convocatoria del referendo, en dicha sentencia N° 3 de 22 de enero de 2003 (Caso: *Darío Vivas y otros*), decretó, además, un amparo cautelar suspendiendo los efectos el acto impugnado; y luego procedió, unas semanas después, a dictar su sentencia definitiva en el caso, N° 32 de 19 de marzo de 2003 (Caso: *Darío Vivas y otros*)[9] declarando la nulidad "de los actos del Consejo Nacional Electoral atinentes a la realización del referendo consultivo cuya celebración estaba prevista para el 2 de febrero del presente año" (2003)[10], y que por tanto nunca se realizó.

---

8 Véase Sentencia N° 3 de 22 de enero de 2003 (Caso: *Darío Vivas y otros*). Disponible en: http://historico.tsj.gob.ve/decisiones/selec/enero/3-220103-X-0002.HTM. Véase en Allan R. Brewer-Carías, "El secuestro del Poder Electoral y de la Sala Electoral del Tribunal Supremo y la confiscación del derecho a la participación política mediante el referendo revocatorio presidencial: Venezuela: 2000-2004," en *Revista Costarricense de Derecho Constitucional*, Tomo V, Instituto Costarricense de Derecho Constitucional, Editorial Investigaciones Jurídicas S.A., San José 2004, pp. 167-312.

9 Véase Sentencia N° 32 de 19 de marzo de 2003 (Caso: *Darío Vivas y otros*). Disponible en: http://historico.tsj.gob.ve/decisiones/selec/marzo/32-2600303-0300001.HTM Véase Allan R. Brewer-Carías, en "El secuestro del Poder Electoral y la confiscación del derecho a la participación política mediante el referendo revocatorio presidencial: Venezuela 2000-2004," en *Revista Jurídica del Perú*, Año LIV N° 55, Lima, marzo-abril 2004, pp. 353-396; en *Boletín Mexicano de Derecho Comparado*, Instituto de Investigaciones Jurídicas, Universidad Nacional Autónoma de México, N° 112. México, enero-abril 2005 pp. 11-73; y en en Juan Pérez Royo, Joaquín Pablo Urías Martínez, Manuel Carrasco Durán (Editores), *Derecho Constitucional para el Siglo XXI. Actas del Congreso Iberoamericano de Derecho Constitucional*, Tomo I, Thomson-Aranzadi, Madrid 2006, pp. 1081-1126; y en *Stvdi Vrbinati, Rivista tgrimestrale di Scienze Giuridiche, Politiche ed Economiche*, Año LXXI – 2003/04 Nuova Serie A – N. 55,3, Università degli studi di Urbino, pp.379-436.

10 Véase las referencias a todas las decisiones adoptadas entre 2002 y 2003 en relación con el referendo consultivo convocado y no realizado sobre la renuncia del Presidente H. Chávez, en Allan R. Brewer-Carías, *La Sala Constitucional Versus el Estado Democrático de Derecho. El secuestro del Poder Electoral y de la Sala Electoral del Tribunal Supremo y la confiscación del derecho a la participación política*, Los Libros de El Nacional, Colección Ares, Caracas 2004, 172 pp.

Ante semejantes atropellos a la participación política, la respuesta popular liderizada por la oposición a estas decisiones fue el desarrollo de una nueva iniciativa popular respaldada también por otras tres millones y medio de firmas para la convocatoria de un nuevo referendo, esa vez revocatorio del mandato del Presidente de la República, el cual solo pudo realizarse tres años después, pero después de que la Sala Constitucional lo convirtió en un "referendo ratificatorio" no regulado en la Constitución[11].

En todo caso, para que se pudiera materializar la convocatoria y realización de dicho referendo, ante la parálisis del Consejo Nacional Electoral decretada por la Sala Constitucional producto de la reviviscencia del Estatuto electoral derogado, resultaba indispensable que se pudiera designar un nuevo Consejo Nacional Electoral, como correspondía, mediante la designación de sus miembros, por la Asamblea Nacional. La representación gubernamental en la Asamblea Nacional no pudo hacer por sí sola dichas designaciones, pues en aquél entonces no controlaba la mayoría de los 2/3 de los diputados que se requerían para ello, por lo que, ante la imposibilidad o negativa de llegar a acuerdos con la oposición, y ante la perspectiva de que no se nombraran los miembros del Consejo Nacional Electoral, la vía que se utilizó para lograrlo, bajo el total control del gobierno, fue acudir de nuevo anta la Sala Constitucional para que esta lo hiciera.

Para ello, se utilizó la vía de decidir un recurso de inconstitucionalidad que se había intentado contra la omisión legislativa en hacer las designaciones, de manera que al decidir el recurso, la Sala Constitucional, en lugar de exhortar sucesivamente a la Asamblea Nacional para que hiciera los nombramientos, como correspondía, lo que hizo fue, *motu proprio*, proceder la Sala a hacerlo directamente luego de dictar la sentencia Nº 2073 de 4 de agosto de 2003 (Caso: *Hermann Escarrá Malavé y otros*) mediante sentencia Nº 2341 del 25 de agosto de 2003 (Caso: *Hermann Escarrá y otros*)[12] usurpando la función del Legislador, y peor aún, sin cumplir con las condiciones constitucionales que se requerían para hacer los nombramientos, entre ellos, asegurar la

---

11   Véase Allan R. Brewer-Carías, La Sala Constitucional vs. el derecho ciudadano a la revocatoria de mandatos populares: de cómo un referendo revocatorio fue inconstitucionalmente convertido en un "referendo ratificatorio," en el libro Allan R. Brewer-Carías, *Crónica sobre la "in" justicia constitucional. La Sala Constitucional y el autoritarismo en Venezuela*, Colección Instituto de Derecho Público, Universidad Central de Venezuela, No. 2, Caracas 2007, pp. 349-378.

12   Véase el texto y los comentarios a dichas sentencias en Allan R. Brewer-Carías, *La Sala Constitucional versus El Estado Democrático de Derecho. El secuestro del poder electoral y de la Sala Electoral del Tribunal Supremo y la confiscación del derecho a la participación política*, Los Libros de El Nacional, Colección Ares, Caracas 2004, 172 pp.

indispensable participación popular mediante representantes de los diversos sectores de la sociedad como lo requería la Constitución[13].

Con esta decisión, la Sala Constitucional le aseguró al gobierno el completo control del Consejo Nacional Electoral, secuestrando a la vez el derecho ciudadano a la participación política, y permitiendo al partido de gobierno tener posibilidad de manipular los resultados electorales. La consecuencia de todo ello ha sido que las elecciones que se han celebrado en Venezuela durante las últimas dos décadas, han sido organizadas por una rama del Poder Público supuestamente independiente pero tácticamente controlada por el gobierno, totalmente parcializada.

Y todo este proceso tuvo su origen precisamente en la ilegítima reviviscencia de una ley por el Juez Constitucional.

Se entiende, por tanto, con las referencias a estos casos concretos, y a todos los que analiza en la obra, la importancia del estudio de Tomás A. Arias Castillo, que me ha pedido que presentara, lo que he hecho con todo gusto, agradeciéndole al autor que lo haya escrito, pues es un aporte fundamental a la bibliografía jurídica relativa a la Justicia Constitucional, sobre todo cuando en regímenes autoritarios se convierte en un sistema de "in" justicia constitucional.

Nueva York, diciembre 2023

---

13 Véase Allan R. Brewer-Carías "La participación ciudadana en la designación de los titulares de los órganos no electos de los Poderes Públicos en Venezuela y sus vicisitudes políticas", en *Revista Iberoamericana de Derecho Público y Administrativo*, Año 5, Nº 5-2005, San José, Costa Rica 2005, pp. 76-95.

Nota a la primera edición en ediciones Olejnik y editorial jurídica venezolana (2023)

El tema de la reviviscencia de las leyes plantea diferentes problemas y perspectivas para su análisis (Teoría del Derecho y Derecho Constitucional, principalmente), todos relacionados con uno de los mayores escollos, sin duda, del Derecho en general: el de su certeza.

La certeza del Derecho siempre nos pondrá entre dos posiciones extremas, una incrédula o escéptica respecto de la posibilidad de determinar *a priori* cuestiones como las reglas y principios aplicables a un caso, así como el contenido que debe asignárseles a estos, y la otra demasiado confiada sobre tal posibilidad de determinación.

La práctica de la jurisdicción constitucional, particularmente luego de la segunda postguerra del siglo XX, ha traído consigo la necesidad de afinar las herramientas de los tribunales, cortes y salas constitucionales, con el propósito de defender el carácter normativo de las constituciones. En esa práctica -junto con la de un Estado que cada vez legisla y regula más, y no siempre mejor- quizás en donde más se puede haber trastocado (o salvaguardado, según sea el caso) la certeza del Derecho.

Para lo atinente a la reviviscencia de las leyes -un subproducto del ejercicio de la jurisdicción constitucional, mediante el cual, los tribunales constitucionales reotorgan vigencia a un texto previamente derogado- está claro, como sostuvimos en 2015, que la colaboración entre el legislador democrático (fijando mejor y de antemano en qué consiste el acto y el efecto de la derogación, y republicando las disposiciones revividas por los tribunales constitucionales, por ejemplo) y dichos tribunales (estableciendo criterios claros sobre cuándo, cómo y por qué se justifica en determinados supuestos revivir textos derogados como vía para defender la Constitución) es la mejor estrategia para garantizar a la ciudadanía un Derecho más estable, más claro y más previsible.

Considero que aún se sostiene este análisis que hicimos en 2012 (y que vio la luz primero en Caracas, en 2015) de la teoría y la práctica de la reviviscencia como potestad discrecional de los tribunales constitucionales, con énfasis en Venezuela, pero con muestras bastante representativas de la situación en España e Italia[1], y por ello agradezco mucho el interés puesto tanto por D. Francisco Olejnik (Ediciones Olejnik), como por el profesor Allan R. Brewer-Carías (Editorial Jurídica Venezolana) para materializar esta nueva edición conjunta de la obra. El agradecimiento es doble en el caso del profesor Brewer-Carías, quien ahora me hace el gran honor de aportar un estupendo prólogo de la misma.

Por último, no puedo dejar de señalar el hecho de que este libro aparece en un contexto muy distinto al de 2015, pues me encuentro ahora en España, ejerciendo el Derecho -colegiado en Madrid- y enseñando a distancia. Vaya mi saludo afectuoso a mis familiares y amigos venezolanos en distintas partes del mundo, y especialmente a aquéllos con quienes he compartido responsabilidades profesionales y académicas estos últimos veintiséis años. Y, finalmente, un saludo lleno de cariño a mi hermano menor, Omar Antonio Galarraga Castillo, excelente ingeniero y profesor con casi tres lustros en París, y a mi familia, en la casa, con quienes experimento la aventura diaria de la vida: los esfuerzos, los sacrificios y las merecidas recompensas. Zoraida, Isabella, Marcelo y Coco: ¡Ésta es la nueva edición de *La Reviviscencia*!

Tomás A. Arias Castillo
Madrid, septiembre de 2023

---

[1] En Italia, este tema continúa siendo materia del día a día en lo referente a la jurisprudencia constitucional. Tanto así, que hemos visto la aparición de una tesis doctoral dedicada al tema: CANZIAN, Nicola. *La reviviscenza delle norme nella crisi della certeza del diritto* (Tesis doctoral). Milán: Università degli Studi di Milano-Bicocca, 2017, 223 p. [en línea] https://boa.unimib.it/bitstream/10281/158259/2/phd_unimib_787840.pdf (última consulta: 24 de septiembre de 2023).

Este trabajo constituye una adaptación de la *Tesina* defendida por el autor, en mayo de 2011, cuando culminó el Máster Oficial en Derecho Público de la Universidad Carlos III de Madrid, dirigido por los profesores doctores Luciano Parejo Alfonso y Tomás De la Quadra-Salcedo. Dicha *Tesina* fue calificada unánimemente *Sobresaliente* (10/10) y se recomendó su publicación. Asimismo, la Memoria Final de Investigación hecha por el autor cuando cursó el Diploma en Derecho Constitucional y Ciencia Política del Centro de Estudios Políticos y Constitucionales (Madrid, España) versó sobre el tema de la reviviscencia de las leyes, aun cuando fue un escrito de menor extensión y más aproximativo sobre el tema. Dicha *Memoria* también fue calificada *Sobresaliente* por unanimidad, en julio de 2008.

En ambos programas de estudio, la orientación y asesoría de profesores con conocimiento sobre el tema fue determinante: en el *Máster*, se contó con el auxilio del profesor doctor José María Sauca Cano (tutor de esta investigación, así como de la venidera Tesis Doctoral del autor); mientras que en el Diploma fue invalorable la ayuda del profesor doctor Luis María Díez-Picazo[1]. Ambos profesores, además de conocidos por su obra publicada, han dedicado parte de la misma a analizar los problemas derivados de la derogación de las normas, desde perspectivas diferentes sin duda (Teoría y Filosofía del Derecho, el primero; y Derecho Constitucional, el segundo), pero no por ello contradictorias entre sí. La coincidencia del autor con los prenombrados profesores y en las precitadas instituciones, fue acicate para abordar la investigación. Además de ello, el tutor en el *Diploma*, el profesor doctor Luis Medina Alcoz, es un experto en Derecho Administrativo y, específicamente, en el tema de la supletoriedad del orden estatal sobre el orden autonómico español, asunto crucial sobre el cual versó parte del análisis de la jurisprudencia constitucional española, como se verá más adelante. Vaya a los precitados profesores el mayor

---

1   Ambos profesores, desde distintas perspectivas, han publicado importantes aportes sobre el tema de la derogación: SAUCA, José María. *Cuestiones lógicas en la derogación de las normas*. México: Fontamara, 2001, 184 p. DÍEZ-PICAZO, Luis María. *La derogación de las leyes*. Madrid: Civitas, 1990, 377 p.

agradecimiento, por su docta tutoría y orientación e, igualmente, vaya nuestra más sincera gratitud al mayor difusor del Derecho Público de nuestro país, el profesor doctor Allan R. Brewer-Carías, quien impulsó la publicación de esta obra apenas supo de su existencia.

Asimismo, agradezco a mis compañeros y amigos, en Venezuela y España, quienes siempre han colaborado entrañablemente conmigo en cuanto me propongo. En especial me refiero, por el lado venezolano, a Serviliano Abache Carvajal, Luis Alfonso Herrera, Andrea Rondón, Antonio Canova, Jesús M. Alvarado, Erick Rodríguez, Juan Carlos Oliveira, Andrea Santacruz y Giuseppe Graterol s. Por el lado "español" (que incluye a mis compañeros latinoamericanos), mi agradecimiento especial a Emil Gil Bretón, Manuel González, Ana Vera Barros, Nicola Scotto Di Vettimo, Ana Lucía Delgado, Esperanza Ibañez, J.M. Mecinas Montiel, María E. Vera, Elisa Ortega y Rodrigo Arias.

Por último, mi gratitud eterna hacia mis padres, los profesores Belkis Castillo de Galarraga y Omar Galarraga Medina, auténticos maestros académicos y de la vida.

Tomás A. Arias Castillo
Caracas, junio de 2012

AIJC	Anuario Iberoamericano de Justicia Constitucional
CEC	Centro de Estudios Constitucionales
CEPC	Centro de Estudios Políticos y Constitucionales
CRBV	Constitución de la República Bolivariana de Venezuela
DOXA	Doxa. Cuadernos de Filosofía del Derecho de la Universidad de Alicante
LSPFCL	Decreto con Fuerza y Rango de Ley que regula el Subsistema de Paro Forzoso y Capacitación Laboral
EJV	Editorial Jurídica Venezolana
FJ	Fundamento Jurídico
GO	Gaceta Oficial de la República Bolivariana de Venezuela
ISONOMÍA	Isonomía. Revista de Teoría y Filosofía del Derecho
ITAM	Instituto Tecnológico Autónomo de México
IVSS	Instituto Venezolano de los Seguros Sociales
LOADGC	Ley Orgánica de Amparo sobre Derechos y Garantías Constitucionales
LRPE	Ley del Régimen Prestacional de Empleo
LOSSS	Ley Orgánica del Sistema de Seguridad Social
N°	Número
Núms.	Números
PROVEA	Organización Programa Venezolano de Educación Acción en Derechos Humanos
RAP	Revista de Administración Pública
REDA	Revista Española de Derecho Administrativo
REDC	Revista Española de Derecho Constitucional
SC	Sala Constitucional del Tribunal Supremo de Justicia (Venezuela)

SCC	Sentencia de la Corte Costituzionale (Italia)
STC	Sentencia del Tribunal Constitucional (España)
UA	Universidad de Alicante
UNAM	Universidad Nacional Autónoma de México
UNS	Universidad Nacional del Sur (Argentina)

PRIMERA PARTE:

INTRODUCCIÓN AL TEMA DE LA REVIVISCENCIA DE LAS LEYES POR PARTE
DE LOS ÓRGANOS ENCARGADOS DEL CONTROL CONCENTRADO DE LA
CONSTITUCIONALIDAD

En este libro se analiza la jurisprudencia constitucional venezolana en materia de reviviscencia (*i.e.* puesta plena en vigencia) de textos normativos expresamente derogados por el legislador, como manifestación de la discreción judicial que ostentan los órganos encargados del control de constitucionalidad de las leyes.

A tal fin, aparte de abordar los fallos de Venezuela, se efectúa un análisis doctrinal sobre los problemas que atañen a la reviviscencia de leyes, así como una comparación con la realidad jurisprudencial de Italia y España[1].

Debemos advertir que, inicialmente, asumíamos tal reviviscencia: *(i)* como una amenaza a la cognoscibilidad de las normas, aspecto crucial de la seguridad jurídica, especialmente porque dichos órganos, en principio, no tendrían mayores límites en cuanto a qué leyes declarar nuevamente vigentes; *(ii)* desde el punto de vista técnico, como algo incorrecto, pues una cláusula derogatoria expresa, una vez cumplida su única misión –limitar el ámbito temporal de aplicación de otra norma, y circunscribir su aplicación para casos anteriores a la derogatoria–, debería considerársele carente de objeto y, por tanto, extinta del ordenamiento[2]; y *(iii)* una invasión injustificada en la producción

---

1   Sostenemos que no se usó la jurisprudencia italiana y española sobre la reviviscencia de leyes a modo de derecho extranjero con fines únicamente ilustrativos, sino que, con las limitaciones del presente trabajo, se apeló al derecho comparado como método, pues se buscó determinar las diferencias y semejanzas del tratamiento dado en España, Italia y Venezuela a la reviviscencia de leyes por parte de sus respectivos tribunales constitucionales. Ello, según W. HUG, citado y comentado por DE LA SIERRA, constituye uno de los posibles usos del método de la comparación. Cfr. DE LA SIERRA, Susana. *Una metodología para el derecho comparado europeo. Derecho público comparado y derecho administrativo europeo.* Madrid: Thomson Civitas, 2004, p. 36-39.

2   Como lo expresó el último KELSEN: «Una norma cuya vigencia ya fue cancelada por medio de una norma derogatoria, sólo puede ser vuelta a su vigencia por medio de una norma que tiene el mismo contenido que la derogada. En el fondo no puede ser vuelta a su vi-

normativa del legislador democrático, el cual, mediante la legislación y la derogación, posibilita el cambio normativo a través de un procedimiento más legítimo que el de emanación de fallos constitucionales. Sin embargo, pudimos constatar que los conocimientos que poseíamos sobre la derogación estaban anclados en una concepción de la legislación como fuente-acto por excelencia dentro del ordenamiento jurídico; concepción, por cierto, proveniente de la tradición del Derecho Civil y muy concretamente de la exégesis de las disposiciones preliminares de los Códigos Civiles influidos por el *Code Civil* de 1804 reguladoras de la producción, derogación y aplicación de las normas. Conforme a tal visión, la legislación –y la derogación- se explica mediante el mismo voluntarismo jurídico iusprivatista que rige en los contratos entre particulares[3]. Sin duda, la introducción de un derecho supralegal, contenido en constituciones normativas, garantizadas mediante órganos encargados de proteger tal supralegalidad frente al legislador, convierte esa visión en una imposibilidad, toda vez que actualmente es la constitución la norma reguladora de la producción y aplicación del Derecho, y son los jueces constitucionales quienes finalmente decidirán sobre estas cuestiones. El problema surge, ahora, por la indeterminación de la mayoría de los textos constitucionales sobre la derogación y sus efectos, por lo que el análisis argumentativo de los fallos constitucionales cobra la mayor importancia.

Aparte del muy complejo tema de la derogación, el análisis de la jurisprudencia de la SC ha hecho que surja el de los límites de los fallos anulatorios emitidos por los tribunales, cortes y salas constitucionales, y muy específicamente: *(i)* si la anulación por inconstitucionalidad de una ley contentiva de cláusulas derogatorias implica la reviviscencia de las leyes inválidamente derogadas; y *(ii)* ante la posibilidad de que una cláusula derogatoria contenida en una ley trasgrediera la Constitución, cuál sería el efecto de una sentencia anulatoria de semejante cláusula. El primer asunto es tópico y depende, básicamente, de los efectos que, caso a caso, se le asigne al fallo anulatorio (es usual que

---

gencia por ningún medio. La norma que entra en vigor es otra norma que aquella cuya vigencia fue cancelada, también cuando el contenido es el mismo». KELSEN, Hans. Derogar: cancelar la vigencia de una norma por otra. /En/ *Teoría general de las normas (trad. de Hugo Carlos Delory Jacobs)*. México: Trillas, 1994, p. 116.

3   Como bien lo expresa Luis María Díez-Picazo: «Así se explican los rasgos distintivos atribuidos por la doctrina tradicional a la derogación: la derogación expresa es una manifestación de voluntad del legislador dirigida a hacer cesar la vigencia de una manifestación de voluntad anterior; la derogación tácita es una manifestación de voluntad incompatible con otra anterior. Todo ello se construye sobre la teoría privatista del negocio jurídico, sede natural de estudio de las declaraciones de voluntad. La derogación no requiere, entonces, de fundamento constitucional alguno, porque lo lleva en sí misma; porque la voluntad del legislador es soberana y, en esa medida, ilimitada». DÍEZ-PICAZO, Luis María. *La derogación de las leyes*. Madrid: Civitas, 1990, p. 81.

por razones de seguridad jurídica se asignen efectos *ex nunc* a tales sentencias, sin que ello signifique una regla inconmovible). Sobre el segundo, el TC español, mediante su sentencia 61/1997, ha dado por sentado que la infracción de preceptos constitucionales por parte de una cláusula derogatoria ha de remediarse mediante la anulación de dicha cláusula y, en consecuencia, con la reviviscencia de los textos normativos írritamente derogados, lo cual, en cierta forma, nos ha dejado perplejos[4].

Por ello, lo que al principio parecía un camino «por un solo carril» contra la reviviscencia de leyes por parte del guardián de la constitución, en el actual momento, luego del estudio llevado a cabo, aquélla parece, salvo una clara prohibición establecida en una norma constitucional (lo cual es contingente y depende del derecho positivo de cada país), al menos una posibilidad que se tiene especialmente cuando se producen vacíos normativos que afecten –a juicio de sus máximos y últimos intérpretes- la eficacia de la constitución.

No obstante lo afirmado, aun cuando ya no seremos capaces de sostener una tesis radicalmente contraria a la plausibilidad de la reviviscencia de leyes por parte de los tribunales, salas, cortes o consejos constitucionales, tampoco podremos dejar de lado los peligros de su uso.

Contemporáneamente, no se discute el valor normativo (la fuerza de obligar; de orientar –en un sentido fuerte de la expresión-) que ostenta la Constitución como norma suprema del ordenamiento jurídico. Asimismo, al menos por el panorama que presenta el Derecho Constitucional Comparado de postguerra, parece haber un consenso mínimo en la necesidad de asegurar la normatividad y supremacía constitucionales a través de una institución –la justicia constitucional- mediante la cual puede examinarse el procedimiento y el resultado de la legislación. Las leyes, entonces, pueden ser declaradas inconstitucionales –y en consecuencia incluso anuladas, o declaradas nulas- sea que el procedimiento mediante el cual fueron dictadas, o su contenido, no se adapte a la Constitución. Si los jueces constitucionales anulan leyes por faltas procedimentales que viciaron la totalidad del trabajo parlamentario, la consecuencia lógica parece ser el restablecimiento de la vigencia de las leyes anteriores; sin embargo, si el cuestionamiento va dirigido hacia el contenido de las disposiciones legales, se podría producir un problema de vacío normativo (una laguna normativa), pues la derogatoria hecha por el legislador subsistiría y la materia quedaría desregulada (dada la derogación de la ley anterior y la anulación de la ley posterior). Frente a esos casos, los jueces consti-

---

4   No sólo al autor de este trabajo, sino a prácticamente todos quienes han comentado tal fallo, como luego veremos.

tucionales podrían: *(i)* ser deferentes frente al acto derogatorio, permitir que subsistan sus efectos y dejar la materia en cuestión disponible a la libertad jurídica o, eventualmente, a su ulterior regulación por vía de *analogía legis*; o *(ii)* desconocer el acto derogatorio hecho (o los actos derogatorios hechos) por el parlamento y *revivir* (reotorgar vigencia a) alguna ley anterior, incluida la posibilidad de *revivir* la mismísima ley derogada por la ley cuya anulación por inconstitucionalidad fue efectuada. La falta de una clara regulación constitucional sobre el punto ha permitido –y, muy probablemente, seguirá permitiendo- a los jueces constitucionales ejercer gran discrecionalidad, sea para dejar el vacío legal o para colmar la laguna normativa reviviendo una ley anterior[5].

Pero esa no es la única posibilidad para que los jueces constitucionales revivan textos jurídicos derogados. A tal punto ha llegado el control de la constitucionalidad, que incluso la omisión legislativa puede dar pie para que los tribunales, cortes, consejos o salas constitucionales declaren que la inactividad del legislador lesiona los postulados constitucionales y, en consecuencia, sea necesario colmar la laguna normativa con textos derogados. En semejante ejercicio, por supuesto, aparte de no existir deferencia alguna hacia el legislador, también se evidencia con fuerza la discrecionalidad judicial.

Varias interrogantes se nos plantean, y a ellas pretendemos dar respuesta, o por lo menos aportar un nuevo enfoque que permita vislumbrar posibles soluciones. Las circunscribiremos a cuatro, por los momentos. Las tres primeras son interrogantes más de tipo general sobre la reviviscencia de leyes por parte de los jueces constitucionales, mientras que la cuarta va más dirigida a los casos concretos de la justicia venezolana aquí analizados.

La primera pregunta sería sobre el tipo de operación jurídica que constituye la reviviscencia de disposiciones derogadas, así como sobre la legitimidad de la misma: ¿es una forma de producción/creación jurídica equiparable a la legislación? La preocupación viene porque la justicia constitucional no parece tener la misma legitimidad política del parlamento para producir normas con carácter general, no sólo por la representatividad de éste sino también por el tipo de procedimiento –deliberativo y público- para la toma de sus decisiones. Preliminarmente al menos, la reviviscencia de leyes derogadas parece ser

---

5   Casos claros de regulación constitucional en la materia podemos ver en Portugal, Bélgica y Austria, donde la reviviscencia es la regla, permitiéndosele a los tribunales constitucionales de esos países hacer excepciones discrecionales a la misma. Casos de reviviscencia discrecional, con ausencia de regulación constitucional, pueden apreciarse en Polonia, México, Costa Rica y Venezuela, entre otros países. Cfr. BREWER-CARÍAS, Allan. *Constitutional courts as positive legislators in Comparative Law.* Ponencia General presentada al Congreso Internacional de Derecho Comparado, Washington, julio de 2010, p. 107-108.

uno de esos casos de tensiones entre los tribunales constitucionales y los parlamentos, donde la voluntad de los dos órganos tiende a colisionar y, además, donde ambos órganos en cierta manera se «juegan» su legitimidad.

La segunda interrogante va más orientada al control de la reviviscencia: ¿cuándo está justificado que los jueces **constitucionales revivan leyes derogadas?** Sin una regulación constitucional taxativa, pareciese que estamos condenados a analizar caso por caso las motivaciones de los jueces constitucionales para hacer operar la reviviscencia. Aquí en el campo de la argumentación jurídica de los jueces –más allá de argumentos interpretativos y demás *topoi* conocidos- parece imposible aislar elementos extrasistemáticos y hasta ideológicos. Así, por ejemplo, no será inusitado ver en un tribunal constitucional «activista» una cierta tendencia a revivir leyes, más aún con el pretexto de poner a resguardo cierto tipo de derechos y garantías constitucionales. En el sentido inverso, tampoco será extraordinario ver en un tribunal «conservador» una actitud repulsiva hacia la posibilidad de revivir leyes derogadas. En este punto también vemos mucha implicación de las concepciones en torno a la regulación económica: hoy en día la intervención del Estado (entendida como disciplina de la libertad económica dentro de sectores regulados, incluso con organismos públicos rectores) en áreas tales como intermediación financiera, seguros, tránsito y transporte terrestre, libre competencia, comercio, urbanismo, espectáculos públicos, aviación civil, entre tantas, nos impide casi vislumbrar el juego de la libertad jurídica. Frente a un vacío normativo en un área como las mencionadas, quizás los tribunales constitucionales se sientan alentados a echar mano así sea de leyes derogadas hasta tanto el legislador no haga lo suyo.

La tercera pregunta guarda relación con el límite temporal de las leyes por revivir: ¿puede revivirse cualquier ley anterior? Nuevamente, a falta de regulación constitucional específica, un tribunal constitucional podría revivir una ley de muy vieja data, absolutamente desarticulada con los tiempos y la cultura jurídica imperante, amén de la grave afectación a la seguridad jurídica que supondría volver a un marco normativo sin previsión alguna. Pero, además, un riesgo similar o más grave se evidenciaría si los tribunales constitucionales reviven penas, infracciones, tributos, contribuciones, cargas o, en fin, limitaciones a la libertad y/o a la propiedad.

Finalmente, la cuarta pregunta tiene relación con los casos venezolanos estudiados: ¿puede ser la reviviscencia un complemento efectivo para una defectuosa técnica legislativa? Aquí podría decirse que la reviviscencia quizás sea un remedio frente a un legislador descuidado, o muy prolijo. El punto que nos suscita dudas es si, por el contrario, el otorgamiento de ese poder resulte en un incentivo adicional para el descuido de la dinámica normativa. La idea de un tribunal constitucional que colabora en la función legislativa está en la génesis misma del nada exento de problemas «legislador negativo» kelseniano. El asunto está en que la reviviscencia aparta mucho al tribunal constitucional de ese paradigma de «legislador negativo» y lo acerca mucho más a un «legislador», a secas, lo cual trastoca el orden de los poderes dentro de un Estado de Derecho. Los errores de legislación no necesariamente se combaten alterando el equilibrio constitucional del poder, sino, precisamente, corrigiendo la legislación; la cuestión es que ésta, dentro de una constitución democrática, pertenece en principio y con exclusividad al parlamento.

En otro orden de ideas, en cuanto a la originalidad del presente trabajo y su relativa novedad, consideramos que si bien el tema de la reviviscencia de disposiciones derogadas no es novedoso, ni siquiera por parte de órganos encargados del control concentrado de la constitucionalidad, este trabajo sí es novedoso por varias razones. En primer lugar, es novedoso por el *approach* que asume al: *(i)* ver que detrás de la reviviscencia hay un problema más profundo, aun cuando también trajinado, cual es el de la discrecionalidad judicial; *(ii)* contextualizar el fenómeno de la reviviscencia como un problema –en cierta forma inesquivable- de Derecho Constitucional Comparado; y *(iii)* emplear tanto un análisis filosófico y teórico de la reviviscencia, como un estudio dogmático de las disposiciones y casos estudiados. En adición a lo anterior, quepa mencionar que, en Venezuela, el tema sólo ha sido abordado recientemente por el profesor Allan R. Brewer-Carías, como uno de los casos en los que el guardián de la constitución termina convirtiéndose en legislador positivo[6]. En Venezuela, el trabajo clásico en materia de vigencia temporal de las leyes, que data de 1943[7], no abordó –siquiera hipotéticamente- estos problemas y, aparte de ese trabajo y otros más generales sobre la justicia constitucional venezolana que si acaso aluden al tema, tan solo tenemos conocimiento de otro estudio sobre un asunto medianamente conectado, cual es el de la impugnación por inconstitucionalidad de leyes derogadas[8].

---

6   Cfr. BREWER-CARÍAS, Allan. *Constitutional courts as positive legislators in comparative law.* Ponencia General presentada al Congreso Internacional de Derecho Comparado, Washington, julio de 2010 (p. 107 y s); y BREWER-CARÍAS, Allan. *Constitutional courts as positive legislators. A comparative law study.* Cambridge: Cambridge University Press, 2011, 962 p.

7   Existe una nueva edición: SANCHEZ-COVISA, Joaquín. *La vigencia temporal de la ley en el ordenamiento jurídico venezolano (reed.).* Caracas: Academia de Ciencias Políticas y Sociales, 2007, 247 p.

8   PÉREZ FERNÁNDEZ, Carlos. Las normas derogadas como objeto de control en la jurisdicción constitucional. /En/ PARRA ARANGUREN, Fernando (ed.). *Temas de derecho administrativo. Libro homenaje a Gonzalo Pérez Luciani.* Caracas: Tribunal Supremo de Justicia, 2002, Tomo II, p. 503-560.

El presente trabajo aborda un asunto trascendente, por varias razones. En primer lugar, porque los sistemas jurídicos deben regular las competencias de sus órganos de creación y aplicación jurídicas, incluido el tribunal constitucional. Más aún, la regulación de este órgano es crucial vista la actual panoplia de textos constitucionales «materializados», esto es, plenos en enunciados jurídicos llenos de contenidos morales, manifestaciones de fines, aspiraciones, etc., que permiten cada vez más «lecturas». Si los tribunales constitucionales tienen la competencia para revivir textos derogados por el legislador democrático, so pretexto de encontrar lagunas normativas o axiológicas, la doctrina podría ayudar en mucho señalando cuándo debería proceder tal reviviscencia, en qué supuestos, con cuáles límites; y en ese sentido se encamina esta publicación. En segundo lugar, los casos de reviviscencia que se evidencian en Venezuela, aparte de novedosos, son los que llamaríamos «casos de alarma»: reviviscencia de leyes en materias de seguridad social y regulación económica, donde el legislador democrático tiene amplias potestades; reviviscencia de leyes tributarias, donde tanto importa la legitimidad democrática de origen; y reviviscencia de leyes previas a la participación del país en un marco regional de integración (lo cual permite extrapolar el problema general de qué ocurre si un país decide retirarse de un pacto de integración económica y/o política: ¿reviven automáticamente, o pueden los tribunales constitucionales revivir leyes derogadas, antes de que el parlamento dicte nuevas leyes?); e incluso la reviviscencia de leyes preconstitucionales, lo cual, sin duda, siempre resultará en una paradoja.

Aparte de su justificación teórica, o importancia, este estudio resulta útil tanto a teóricos como prácticos sobre los temas de la derogación y sus efectos, la discrecionalidad judicial fuerte (entendida como creación por parte de los jueces de la premisa mayor del razonamiento judicial), la justicia constitucional, su legitimidad, y los efectos de sus fallos. Entonces, por su utilidad práctica, es además relevante.

Así por ejemplo, pretende servir de guía para una mejor regulación constitucional y legal de la potestad de los jueces constitucionales de reotorgar vigencia a textos legales derogados, así como a los jueces y letrados (relatores) de los tribunales constitucionales, para justificar mejor las decisiones donde se considere revivir leyes.

Seguidamente, debemos señalar que la hipótesis de partida era que la reviviscencia era una arista de la discrecionalidad fuerte que tienen los tribunales, en especial los tribunales constitucionales, quienes, incluso a falta de una norma constitucional o legal expresa que permita tal atribución, en ocasiones optan por colmar vacíos normativos mediante textos legales derogados. Al partir de dicha hipótesis, asumimos varias cuestiones: *(i)* que la discrecionalidad aludida no debía equivaler al ejercicio arbitrario de la función judicial, y que los fallos donde se manifestase dicha potestad debían ser más y mejor motivados; *(ii)* que la reviviscencia –al ser una manifestación muy palpable de legislación positiva- debía ser una especie de «último recurso» frente al vacío legal, dada la relativa ilegitimidad de origen de los tribunales constitucionales; *(iii)* que la reviviscencia en ciertas áreas de estricta reserva legal, tales como tributos, sanciones y penas, procedimientos, limitación a derechos fundamentales o establecimiento de competencias, no debía permitirse, o al menos debía limitarse el máximo posible; *(iv)* que la ausencia de restricciones temporales en cuanto a las leyes a revivir, plantearía la posibilidad de reotorgar vigencia a leyes muy viejas, desconectadas de la realidad en las que fueron originalmente dictadas, y con la posibilidad de afectar seriamente la seguridad jurídica; y *(v)* que siempre sería preferible que los textos constitucionales y legales regulasen la procedencia de la reviviscencia, para reducir en lo posible la discrecionalidad aludida. El análisis efectuado –especialmente el análisis jurisprudencial- nos permitió confirmar la hipótesis de partida, en el sentido antes referido.

SEGUNDA PARTE:

LOS FUNDAMENTOS Y ALCANCES DEL CONTROL DE CONSTITUCIONALIDAD Y LA DISCRECIONALIDAD JUDICIAL

El tema de esta investigación, esto es, la reviviscencia de leyes por parte del tribunal constitucional, se sitúa en un contexto más amplio, cual es, por una parte, el de los fundamentos y el alcance del control de constitucionalidad de las leyes y, por otra parte, el problema de la discreción judicial, en especial de los órganos encargados de realizar el señalado control de constitucionalidad. A esos dos asuntos aludiremos para intentar mostrar el estado de la cuestión[1].

I. LOS FUNDAMENTOS Y EL ALCANCE DEL CONTROL JUDICIAL DE LA CONSTITUCIONALIDAD DE LAS LEYES Y SUS IMPLICACIONES

A continuación, un breve *mapa de ruta* sobre el debate en torno a los fundamentos y alcance del control judicial de constitucionalidad, también conocido como *judicial review*. Como se apreciará, se trata de un debate permanente, en el cual existen diversas –y muy antagónicas- posiciones.

1. EL ARGUMENTO «CLÁSICO» A FAVOR DEL CONTROL JUDICIAL DE LA CONSTITUCIONALIDAD[2]

Sintéticamente, el argumento «clásico»[3] a favor del control judicial de la constitucionalidad (o de la *justicia constitucional*) es el siguiente:

---

1   Existe otro tema muy relacionado con la reviviscencia de leyes, cual es el de la derogación. Sin embargo, hemos preferido abordarlo en la Tercera Parte de este trabajo.

2   Ver nuestra exposición en: ARIAS CASTILLO, Tomás A. La ineficacia de la justicia constitucional (y de un conflictivo Real Decreto-ley). Análisis crítico de un fallo del Tribunal Constitucional español. /En/ TRIBUNAL SUPREMO DE JUSTICIA. *Revista de Derecho N°* *31.* Caracas: 2009, p. 117-129.

3   El argumento «clásico», como veremos, se caracteriza por ser un argumento estrictamente *jurídico.* El problema que vendría a resolver la justicia constitucional es el de la regularidad de la producción jurídica -especial mas no exclusivamente- del Legislador.

- La Constitución es una *verdadera norma jurídica*, vale decir, derecho positivo aplicable.

- La Constitución es la *norma suprema* del ordenamiento jurídico y, por ello, desplaza a cualquier otra norma que la contradiga.

- La Constitución regula los mecanismos de producción jurídica (es *norma normarum*), lo cual incluye la legislación y hasta las mutaciones constitucionales.

- Dado que en un Estado de Derecho los jueces tienen la última palabra sobre lo que el derecho es, tocará a éstos hacer valer el carácter prevalente de los preceptos constitucionales frente a cualquier norma, disposición o acto jurídico contradictorio con aquellos preceptos. En el sistema difuso de control de la constitucionalidad, tal función es desempeñada por todos los jueces, mientras que en el sistema de control concentrado de la constitucionalidad dicha tarea es encomendada a un solo órgano (generalmente, un tribunal, una corte o una sala constitucional)[4].

Normatividad, supremacía y rigidez (reforma por procedimientos agravados) constitucionales son, pues, las notas que justifican el rol de la justicia constitucional.

El argumento «clásico» es el que proporcionó el *Chief Justice* John Marshall (con el voto favorable de los otros jueces participantes, Washington, Patterson y Chase) en la sentencia de la Corte Suprema de Justicia de EE.UU., en el caso *Marbury v. Madison* de 1803 [5 US (1 Cranch) 137]:

> «Está fuera de toda duda que o la Constitución se impone a cualquier Ley que la contradiga o, por el contrario el legislativo puede modificar la Constitución a través de una Ley cualquiera. /Entre estas dos opciones no hay término medio. O la Constitución es un Derecho superior, principal, e inmodificable a través de mecanismos ordinarios o, por el contrario, se sitúa al mismo nivel que las leyes ordinarias, y como toda Ley es modificable cuando así lo disponga la voluntad del legislativo. /Si la primera parte de la alternativa fuese cierta, entonces una Ley contraria a la Constitución no es Derecho. Si la cierta fuese la última parte, entonces las Constituciones escritas no serían más que intentos absurdos del pueblo de limitar un poder que por naturaleza escaparía a todo límite»[5].

---

4   «Tal como se explicaba más atrás, no hay justicia constitucional y, por tanto, no hay Tribunal constitucional sin la atribución central que es el control de constitucionalidad de las leyes, es decir, la sumisión de la voluntad del Parlamento al respeto de la regla de derecho, ya se trate de una regla formal o de fondo». Cfr. FAVOREU, Louis. *Los tribunales constitucionales*. Barcelona: Ariel, 1994, p. 35.

5   Cfr. BELTRÁN DE FELIPE, Miguel. GONZÁLEZ GARCÍA, Julio. *Las sentencias básicas del Tribunal Supremo de los Estados Unidos de América (2ª Ed.)*. Madrid: Centro de Estudios

Como podemos apreciar, el argumento de la sentencia (recurrente en el decurso de las ideas jurídicas) es que el Derecho es un orden, y más específicamente, un *sistema*. Dicho sistema sería completo, no contradictorio, no redundante y, lo más importante, establecido con arreglo a una jerarquía entre sus componentes: las normas jurídicas. Un siglo después, la expresión más desarrollada de dicho pensamiento en la doctrina jurídica contemporánea, Hans Kelsen, en consonancia con su teoría sobre la validez de las normas y actos estatales, expuso que:

«El reclamo político-jurídico de garantías de la Constitución, es decir, de instituciones por medio de las cuales se controla la constitucionalidad del comportamiento de ciertos órganos del Estado inmediatamente subordinados a ella, como el Parlamento o el Gobierno, responde al principio específico de la máxima juridicidad de la función estatal, propia del Estado de Derecho. (…) /También la pregunta técnico-jurídica acerca de la mejor organización de esta garantía constitucional puede ser respondida de diversas maneras, según el carácter peculiar de la Constitución y la distribución del poder político que ésta determina; en especial, si se da prioridad a garantías preventivas o represivas, o si se debe dar mayor importancia a la anulación del acto anticonstitucional o a la responsabilidad personal del órgano actuante, etc. Sobre todos estos temas es posible discutir seriamente. **Sólo una cosa parece estar fuera de discusión**, algo que es de una evidencia tan primaria, que casi parece innecesario destacarla en medio de la discusión de estos últimos años en torno al problema de la garantía constitucional: **si debe ser creado absolutamente un instituto por medio del cual sea controlada la constitucionalidad de ciertos actos del Estado subordinado inmediatamente a la Constitución**, en especial los actos del Parlamento o del Gobierno, de manera que dicho control no pueda ser transferido al órgano cuyos actos deben ser controlados (negrillas añadidas)»[6].

Políticos y Constitucionales/Boletín Oficial del Estado, 2006, p. 117.

6   KELSEN, Hans. ¿Quién debe ser el defensor de la constitución? (*Reimp. de la 2ª Ed.*). Madrid: Tecnos, 2002, p. 4-5. No puede dejarse a un lado el hecho de que el citado trabajo de Kelsen fue publicado originalmente en 1931, dentro de la disputa Kelsen-Schmitt sobre, justamente, quién debía ser el defensor de la Constitución. Como se sabe, Carl Schmitt era partidario de asignar la potestad de control de la constitucionalidad al *poder neutro* del Presidente del Reich [Cfr. SCHMITT, Carl. *La defensa de la constitución (2ª Ed.)*. Madrid: Tecnos, 1998, p. 213 y s. Dicha obra también fue publicada originalmente en 1931]. Conocidas y estudiadas han sido ya las posturas antiliberales (contrarias al parlamentarismo y a los derechos humanos) de Schmitt, quien siempre sostuvo la idea de que *el Führer defendía el Derecho* [v. El "Fúhrer" defiende el derecho. /En/ AGUILAR, Héctor Orestes (*comp.*). *Carl Schmitt, teólogo de la política*. México: Fondo de Cultura Económica, 2001, p. 114-118] y que «El Estado, como orden propio dentro de la unidad política no tiene ya el monopolio de lo político, sino que es un órgano del jefe –Führer– del Movimiento». Cfr.

El corolario del argumento «clásico», entonces, es que resulta necesario asignar el control de la constitucionalidad a órganos que no integren la rama legislativa, ni la rama ejecutiva del Poder Público. En Estados Unidos de América tales órganos vendrían a ser no otros sino los órganos jurisdiccionales, en cuya cúspide se encuentra la Corte Suprema de Justicia. Ésta tendría el monopolio de rechazo (esto es, de declarar la inconstitucionalidad de las leyes), mientras que los demás tribunales podrían *desaplicar* las leyes contrarias a la Constitución. Al otro lado del Atlántico, a partir de 1920, surgió el modelo kelseniano de *Tribunales, Cortes* o *Consejos Constitucionales*, ninguno integrado a las tradicionales ramas del Poder Público. Dichos órganos vendrían a complementar la labor legislativa, al funcionar como *legisladores negativos*, ficción añadida por Kelsen para sobrellevar la poca familiaridad en Europa continental con el derecho creado por los jueces[7].

2. La objeción «contramayoritaria»

No obstante la solidez lógica del argumento «clásico», el control de constitucionalidad de las leyes no fue aplaudido unánimemente.

En Estados Unidos, especialmente, esas potestades construidas por el juez Marshall para que los jueces ordinarios desaplicaran las leyes, pero, sobre todo, para que la Corte Suprema de Justicia anulara la voluntad de un órgano representativo, fue atacada desde el inicio. Robert Dahl[8], en un provocador análisis sobre diferentes aspectos aparentemente no democráticos de la Constitución de los Estados Unidos de América, ha puesto de relieve que los *framers*, o *founding fathers*: (i)

SCHMITT, Carl. *Sobre los tres modos de pensar la ciencia jurídica*. Madrid: Tecnos, 1996, p. 77. No podemos resistir recomendar el capítulo dedicado a Schmitt en: LILLA, Mark. *Pensadores temerarios. Los intelectuales en la política*. Caracas: Debate, 2005, p. 59-79. La lectura de dicho capítulo –donde puede apreciarse la *devoción* que aún causa la obra de Schmitt entre el amplio plexo de pensadores antiliberales (comunistas, nacional-socialistas, fascistas, *críticos*, posmodernos, etc.)- deja claro que su disputa con Kelsen (quien era judío) era más que académica: «Schmitt llegó a su nadir moral en su colaboración con los nazis en 1936, cuando habló en una conferencia de la "jurisprudencia alemana en la lucha contra el espíritu judío". En ella llamaba a purgar las obras judías de las librerías y animaba a sus colegas a eludir las citas de los autores judíos o, cuando fuera ineludible, a identificarlos como tales. "Para nosotros, un autor judío no tiene autoridad"» (v. p. 61).

7   Uno de los escollos más relevantes de la introducción del control judicial de la constitucionalidad en Europa –así como en los demás países dentro de la tradición del Derecho Civil- es la inexistencia de la regla del *stare decisis*, o la regla del precedente, propia de la tradición del *Common Law*, más familiarizada con un Derecho de producción jurisprudencial. Sobre esta cuestión, y sobre la situación del Modelo Europeo de Jurisdicción Constitucional, ver: AHUMADA RUÍZ, Marian. *La jurisdicción constitucional en Europa. Bases teóricas y políticas*. Madrid: Thomson Civitas, 2005, p. 297 y s.

8   DAHL, Robert A. *How democratic is the American constitution? (2a Ed.)*. New Haven: Yale University Press, 2003, 224 p.

no pudieron ponerse de acuerdo sobre algunas cuestiones; y *(ii)* no pudieron prever otras cuestiones que afectarían el diseño institucional en el que tan arduamente trabajaron. Sin duda, la *judicial review of legislation* (entendida como la potestad exclusiva de la Corte Suprema de Justicia para anular leyes del Congreso) no fue prevista en la Constitución de 1787, y posiblemente no pudo ser prevista por los *framers* (así como no podía preverse la creación de la Aviación para la Fuerza Armada). Por el hecho de no haber estado establecida en la Constitución (escrita) se ha señalado, enérgicamente, que la Corte Suprema incurrió en una usurpación al crearla[9].

Pero, más allá de si fuese o no prevista en el Texto Constitucional (asunto fácilmente superable, como se demuestra en las Constituciones europeas y latinoamericanas), el cuestionamiento tradicional del control judicial de la constitucionalidad ha consistido, como bien resume Ferreres Comella, en tres elementos:

«1) La menor legitimidad democrática de origen del juez constitucional: la ley que ha de enjuiciar proviene de un Parlamento elegido periódicamente por el electorado, por sufragio universal. El juez constitucional, en cambio, no es elegido periódicamente por el electorado por sufragio universal.

2) La rigidez de la Constitución: el Parlamento no puede neutralizar fácilmente (a través de la reforma constitucional) la decisión del juez constitucional de declarar inválida una ley, pues la Constitución sólo puede reformarse a través de un procedimiento que es considerablemente gravoso.

3) La convertibilidad interpretativa de la Constitución: la interpretación del texto constitucional es controvertida (especialmente en materia de derechos y libertades), dada la abundancia de "conceptos esencialmente controvertidos" y de colisiones entre las diversas disposiciones»[10].

En el marco de tal cuestionamiento, por ejemplo, Dahl, para el caso de los Estados Unidos, expresa que el control judicial no sería antidemocrático si se limita a resguardar el sistema federal y a fiscalizar el cumplimiento del procedimiento parlamentario, pero es más cau-

---

9   De los *Federalist Papers* sólo queda claro que Alexander Hamilton sí era partidario de que los jueces aplicasen preferentemente la Constitución, e incluso de que declarasen la nulidad de las leyes contrarias a aquélla, sin que eso supusiese la superioridad del poder judicial. No obstante ello, al no estar plasmada la *judicial review* en el texto constitucional, bien podría concluirse que no hubo un acuerdo sobre el punto. Cfr. HAMILTON, A. MADISON, J. JAY, J. *El federalista (1a Reimp. de la 2a Ed.).* México: Fondo de Cultura Económica, 2004, p. 332-333.

10   Cfr. FERRERES COMELLA, Víctor. *Justicia constitucional y democracia (2ª Ed.).* Madrid: Centro de Estudios Políticos y Constitucionales, 2007, p. 43.

teloso sobre si dicho control debe ejercerse en casos controversiales, donde la ley no puede ser contrastada directa y solamente con la letra de la Constitución. A su juicio, en los casos controversiales sería imposible controlar que los jueces constitucionales introduzcan sus juicios personales (políticos, morales, estéticos, religiosos) de valor[11].

Cabe destacar que la «objeción contramayoritaria» si bien encuentra el núcleo de la democracia en la regla de la mayoría, no sólo cuestiona la *judicial review* porque ésta transgreda dicha regla, sino porque, en general, la *judicial review* resulta antidemocrática, al trasladar el centro de las decisiones fundamentales dentro de un sistema jurídico y político, de un órgano representativo y popular a un órgano no representativo y, ciertamente, aristocrático[12].

3. El argumento de la «tiranía de la mayoría»

Frente a la «objeción contramayoritaria», los defensores del control judicial de la constitucionalidad de las leyes suelen asumir una estrategia argumentativa, desdoblada en un razonamiento de tipo «aguijón semántico» y otro de tipo más sustancial, más propositivo.

El «aguijón semántico» (*semantic sting*) es un argumento preliminar que Endicott resume así: «Incluso para discrepar, necesitamos entendernos el uno al otro. Si yo rechazo lo que tú dices sin entenderte, sólo tendremos la ilusión de una disputa. Tú aseverarás una cosa y yo rechazaré otra. (El autor repite:) Incluso para discrepar, necesitamos entendernos el uno al otro»[13]. En este caso, el argumento se plan-

---

11   DAHL, Robert, *op. cit.*, p. 55. La inconsistencia del argumento de Dahl consiste, nos parece, en que más adelante (p. 153) incluye la tutela de los derechos como componente esencial de la *judicial review*: «But a supreme court should also have the authority to overturn federal laws and administrative decrees that seriously impinge on any of the fundamental rights that are necessary to the existence of a democratic political system: rights to express one's views freely, to assemble, to vote, to form and to participate in political organizations, and so on». Ello es inconsistente pues (aun cuando el autor sólo incluye los derechos civiles y políticos, o de *primera generación*) nada más controversial que el contenido y alcance de los derechos constitucionales.

12   Sobre todo, se dice que los jueces constitucionales vienen a ser una nueva Aristocracia *del Saber; del Conocimiento.*

13   ENDICOTT, Timothy A.O. Herbert Hart and the semantic sting. /En/ COLEMAN, Jules (Ed.). *Hart's postscript. Essays on the postscript to the Concept of law (Reimp.).* Oxford: Oxford University Press, 2005 p. 39 (traducción libre). Como se sabe, este argumento fue empleado por Ronald Dworkin en su obra *Law's empire* [*El imperio de la justicia (2ª Ed.).* Barcelona: Gedisa, 1992, 328 p.] para achacarle a Herbert Hart [*El concepto de derecho (Reimp.).* Buenos Aires: Abeledo-Perrot, 1998, 332 p.] que éste, al presuponer un concepto de Derecho, obviaba que –precisamente- la comunidad jurídica discute sobre qué es el Derecho. Sobre la disputa Hart-Dworkin, ver: ARIAS CASTILLO, Tomás A. El último argumento de Ronald Dworkin en su disputa con H.L.A. Hart. /En/ TRIBUNAL SUPREMO DE JUSTICIA. *Revista de Derecho N° 24.* Caracas: 2007, p. 39-61.

tearía así: «Tú, el *objetor contramayoritario*, rechazas el control judicial de constitucionalidad porque dices que es antidemocrático. Mientras tanto, yo, el *defensor del control judicial de constitucionalidad*, aduzco que éste no es antidemocrático. Pero, en verdad, tenemos que ponernos de acuerdo sobre qué entendemos por democracia». Hasta allí el argumento preliminar.

Luego, los defensores de la *judicial review* afirman que la regla de la mayoría, *per se*, no es la democracia. Que la regla de la mayoría, sola, puede ser también la **tiranía de la mayoría**. La democracia –la democracia *constitucional*, se añade- viene a ser el gobierno *limitado* de la mayoría[14]. Los límites, se dice, buscarían impedir que la voluntad mayoritaria se expanda y oprima ilegítimamente a las minorías. Tales límites, además, se hallan en la concepción estándar de Estado de derecho: separación de poderes, principio de legalidad, reconocimiento y garantía de los derechos fundamentales y control judicial de las ramas ejecutiva y legislativa[15].

4.   *OBITER DICTUM:* EL *NEOCONSTITUCIONALISMO* COMO TRASFONDO IDEOLÓGICO Y EL ANTI-POSITIVISMO JURÍDICO COMO ROPAJE DOCTRINAL

En la Filosofía y Teoría del Derecho hay tres frentes -complementarios- a favor del control judicial de la constitucionalidad de las leyes. Un primer frente es el *Neoconstitucionalismo*, una especie de ideología que propugna la existencia de un nuevo Estado (judicial) de derecho(s)[16]. Un segundo flanco lo constituye el *anti-positivismo jurídico* en sus distintas manifestaciones, según las cuales el *approach* positivista sobre el Derecho ha sido hoy superado, especialmente en cuanto a

---

14   Ver: CASAL H., Jesús María. Algunos cometidos de la jurisdicción constitucional en la democracia. /En/ HASSEMER, Winfried. LÖSING, Norbert. CASAL H., Jesús María. *La jurisdicción constitucional, democracia y estado de derecho*. Caracas: UCAB, 2005, p. 109 y s.

15   No obstante la aceptación casi universal de dichas reglas e instituciones, sigue siendo objeto de discusión si la noción de Estado de derecho supone el control de constitucionalidad de las leyes, y más específicamente, la asignación de una potestad para anular leyes dictadas conforme al procedimiento legislativo democrático.

16   «Neoconstitucionalismo, constitucionalismo contemporáneo o, a veces también, constitucionalismo a secas son expresiones o rúbricas de uso cada día más difundido y que se aplican de un modo confuso para aludir a distintos aspectos de una presuntamente nueva cultura jurídica. Creo que son tres las acepciones principales. En primer lugar, el constitucionalismo puede encarnar un cierto tipo de Estado de Derecho, designando por tanto el modelo institucional de una determinada forma de organización política. En segundo término, el constitucionalismo es también una teoría del Derecho, más concretamente aquélla teoría apta para explicar las características de dicho modelo. Finalmente, por constitucionalismo cabe entender también la ideología que justifica o defiende la fórmula política así designada». PRIETO SANCHÍS, Luis. Neoconstitucionalismo y ponderación judicial. /En/ CARBONELL, Miguel (Ed). *Neoconstitucionalismo(s) (2ª Ed.)*. Madrid: Trotta, 2005, p.123.

las pretensiones de certeza implícitas de tal aproximación. El tercer frente es la *Argumentación Jurídica*, según la cual es posible identificar y evaluar racionalmente el razonamiento judicial (especialmente el proveniente de la justicia constitucional).

Según Guastini (citado por Aguiló Regla[17]), la constitucionalización del orden jurídico ha supuesto:

- Una Constitución rígida que incorpora un catálogo de derechos fundamentales.

- El reconocimiento de fuerza normativa vinculante a la Constitución.

- La *sobreinterpretación* de la Constitución.

- La aplicación directa de la Constitución.

- La interpretación conforme a la Constitución.

- Una fuerte influencia de la Constitución en el debate y en el proceso político.

Y, por supuesto, ello implica necesariamente el *control judicial de la constitucionalidad*.

En cuanto a la actitud anti-positivista se refiere, menester es comentar un artículo de los profesores Manuel Atienza y Juan Ruiz Manero, intitulado *Dejemos atrás el positivismo jurídico[18]*.

En dicho artículo, los dos autores reconocen que el positivismo jurídico (y muy especialmente el positivismo jurídico *a la Hart*) revitalizó la Teoría del Derecho en el siglo XX y que nada desdeñable es su aporte conceptual para el conocimiento de los sistemas jurídicos.

Dicho lo anterior, a juicio de los dos autores el positivismo jurídico ha agotado su ciclo histórico y está inhabilitado para entrar «en el ring» a discutir los grandes temas del *neoconstitucionalismo*, a saber:

- La supuesta conexión necesaria entre Derecho y moral, visto el carácter preeminente de los principios constitucionales (llenos de contenidos morales);

- Los conflictos entre principios constitucionales y su resolución; y

- El reconocimiento del Derecho como una práctica social compleja y no sólo como un sistema normativo (*de reglas y principios*).

A juicio de Atienza y Ruiz Manero, el problema no tanto radica en la *social sources thesis* (tesis hartiana según la cual el Derecho tiene unas fuentes históricas concretas, reducibles a hechos) ni a la *separa-*

---

17   AGUILÓ REGLA, Josep. Positivismo y postpositivismo. Dos paradigmas jurídicos en pocas palabras. /En/ *Doxa. Cuadernos de Filosofía de Derecho de la Universidad de Alicante*. Alicante: Universidad de Alicante, 2007, N° 30, p. 665-675.

18   /En/ *ISONOMÍA* N° 27. México: ITAM, 2007, p. 7-28.

tion thesis (tesis de separación y conexión sólo intersticial entre Derecho y moral), sino en el enfoque descriptivo (*descriptivista*, según los autores) del positivismo jurídico. Tal enfoque descriptivo, señalado por HART desde el mismo comienzo de *El concepto de Derecho*, vendría a coartar la posibilidad de justificar instituciones y normas, así como inhibiría recomendaciones para el desarrollo y buen funcionamiento de los sistemas normativos, además de hacer poco interesante para no teóricos semejante teoría. Ese reproche contra el *descriptivismo* -e incluso, la misma línea argumental esbozada por ambos autores- pertenece más propiamente a Ronald DWORKIN, como apuntamos en otra oportunidad[19].

Tal y como opinan autorizados autores (Herbert HART, Joseph RAZ, Liborio HIERRO, Juan Antonio GARCÍA AMADO), ese reproche es en cierta forma carente de sentido. El hecho de que el objeto de la teoría jurídica sea crear, desarrollar y evaluar un marco conceptual que le permita describir los distintos sistemas jurídicos en nada empece -todo lo contrario- la posibilidad de hacer crítica jurídica, justificar instituciones, efectuar recomendaciones, etc. Es más: el enfoque positivista permite, a diferencia de los enfoques hermenéutico-posmodernos *a la* DWORKIN, distinguir los discursos descriptivo y crítico sobre el Derecho, lo cual resulta más beneficioso para las tareas evaluativas que tanto preocupan a los así autodesignados *no positivistas*.

5. EL ARGUMENTO DE FONDO CONTRA LA *JUDICIAL REVIEW*, SEGÚN JEREMY WALDRON.

En *The core of the case against judicial review*[20] (algo así como *El argumento de fondo contra el control judicial de la constitucionalidad*), Jeremy WALDRON, conocido filósofo del derecho neozelandés y profesor de Columbia y New York University que ha polemizado abiertamente con DWORKIN y otros autores estadounidenses que defienden el *judicial review of legislation*, ha proporcionado un argumento diferente contra el control judicial de la constitucionalidad[21]. Lo resumimos así:

---

19   ARIAS CASTILLO, Tomás A. *El último argumento de Ronald Dworkin en su disputa con H.L.A. Hart, op. cit.*

20   *The Yale Law Review*, Vol. 115, N° 6, 2006, p. 1346-1486.

21   Su argumento, más desarrollado, se halla en dos obras capitales publicadas en 1999: *The dignity of legislation* (Cambridge: Cambridge University Press, 1999, 206 p.) y *Law and disagreement* (existe traducción castellana: *Derecho y desacuerdos*. Madrid: Marcial Pons, 2005, 395 p. Traducción de José Luis Martí y Agueda Quiroga. Estudio preliminar de Roberto Gargarella y José Luis Martí).

- Si asumimos una sociedad con:

  - *(i)* Instituciones democráticas en razonable buena forma, especialmente un parlamento elegido sobre la base del sufragio universal;

  - *(ii)* Una red de órganos jurisdiccionales -de nuevo, en razonable buena forma- con titulares elegidos sobre una base no-representativa, constituidos para tramitar demandas individuales, zanjar disputas y hacer valer el imperio de la ley;

  - *(iii)* Un compromiso de mayor parte de sus integrantes, así como de sus funcionarios, con la idea de derechos individuales y derechos de las minorías; y

  - *(iv)* Desacuerdos constantes, sustanciales y de buena fe entre los miembros de dicha sociedad que están comprometidos con la idea de los derechos.

- Si, también, asumimos que tal sociedad requiere de algún arreglo institucional (o, procedimiento) -que tenga legitimidad y asegure en la mayoría de los casos buenos resultados-para zanjar los desacuerdos aludidos.

- Entonces, **el procedimiento legislativo es el mecanismo idóneo para resolver las discusiones sobre los derechos**, principalmente, por su legitimidad democrática (los miembros del parlamento son elegidos por los destinatarios de las decisiones que se tomen sobre los derechos y, además, dado su carácter representativo, aplican la regla de la mayoría para tomar dichas decisiones), su apertura al escrutinio público, y por emplear un tipo de argumentación que ataca a fondo los problemas morales, políticos, económicos, etc., que involucran los desacuerdos sobre los derechos y no el tipo de argumentación propio de los tribunales constitucionales (que tienden a re-enfocar los desacuerdos sobre los derechos como cuestiones interpretativas -especialmente cuando tienen una Carta de Derechos de la cual echar mano-, que cuando conocen los casos ya éstos se han desviado de la cuestión de fondo, y que, sobre todo, por su ilegitimidad democrática, tienden a emplear un razonamiento oscuro, basado en precedentes, textos y otros documentos autoritativos).

Waldron cuestiona seriamente las supuestas bondades de la *judicial review* (estrictamente entendido como control fuerte de constitucionalidad, vale decir, la potestad asignada a los órganos que, con distintas denominaciones, pueden anular, desaplicar o interpretar en un sentido no descrito en su texto los estatutos, con el pretexto de salvaguardar derechos). Dada la condicionalidad de su argumento (los cuatro presupuestos arriba explicados someramente), deja claro que la *judicial review* es incompatible con una sociedad democrática en funcionamiento razonable, ***pero, además, aclara que las sociedades que no operan bajo esas condiciones (lo que él llama non-core cases) tampoco tienen un caso a favor de la judicial review***. En los *non-core cases* (sin duda, el caso de Venezuela) el control judicial de la constitucionalidad no ha ayudado a consolidar valores democráticos, sino todo lo contrario. Y, como apunta Waldron, frente a ello no puede contra-argumentarse que los titulares concretos de ejercer la *judicial review* se han excedido o han actuado mal, pues se trata de un mecanismo inidóneo para atacar las cuestiones sobre derechos.

6.   El malestar en Venezuela

Como ha sintetizado Casal, «en contextos institucionales determinados (la *judicial review*) puede erigirse en altamente peligrosa y dañina para los valores democráticos. Precisamente cuando coloca sus facultades hercúleas, en especial la de sentar la última palabra en la interpretación de la Constitución, al servicio del poder establecido»[22]. Lo dice alguien que, inequívocamente, es un defensor de dicho sistema de control de la constitucionalidad.

Una circunstancia curiosa de nuestro devenir es que (incluso antes pero) después de los fallos de la Corte Suprema de Justicia de 1999, que permitieron la convocatoria a una Asamblea Nacional Constituyente no prevista en el Texto Constitucional de 1961, ciertos sectores políticos académicos y políticos abogaban por la inclusión en la nueva Constitución de un Tribunal, Corte o Sala Constitucional, como garante de la constitucionalidad[23].

Actualmente, la situación de la ya prevista Sala Constitucional del Tribunal Supremo de Justicia ha sido denunciada hasta la saciedad[24]. Se trata de un órgano que ha usurpado funciones de otros poderes (especialmente, de las ramas electoral y legislativa), ha creado meca-

---

22   CASAL H., Jesús María. Algunos cometidos de la jurisdicción constitucional en la democracia, *op. cit.*, p. 123. Más adelante (p. 139), dicho autor señala que lo más preocupante del establecimiento del control judicial de la constitucionalidad «es cuando el gobierno de la mayoría se hace hegemónico gracias al apoyo de esa jurisdicción».

23   Por todos, ver: CALCAÑO DE TEMELTAS, Josefina. Notas sobre la necesidad de creación de la Sala Constitucional. /En/ *Revista de Derecho Administrativo N° 2*. Caracas: Sherwood, (enero-abril) 1998, p. 295-300. AYALA CORAO, Carlos M. La Sala Constitucional de la Corte Suprema de Justicia. /En/ *Comentarios constitucionales*. Caracas: Editorial Jurídica Venezolana, 1996, p. 103-106.

24   Por todas las obras que existen, sea en artículos o monografías, sobre las extralimitaciones y excentricidades de la Sala Constitucional, me limito a referir: BREWER-CARÍAS, Allan. *Crónica de la "in" justicia constitucional. La Sala Constitucional y el autoritarismo en Venezuela.* Caracas: Editorial Jurídica Venezolana, 2007, 702 p.

nismos procesales no previstos en la Constitución o en las leyes (en especial un recurso autónomo de interpretación constitucional, con el cual la Sala puede hacer análisis abstractos sobre las normas constitucionales; asunto peligroso por demás). Adicionalmente, la Sala Constitucional ha violado abiertamente el Texto de 1999, y muy en especial el amplísimo y en ocasiones abstruso catálogo de derechos previsto en ésta, y ha servido para oprimir a las minorías políticas.

El malestar en el que nos encontramos debe ser abordado para que, en el futuro, se tomen decisiones más razonadas sobre nuestro diseño constitucional.

¿Tendrá cabida en el futuro un órgano semejante?

¿Es la situación actual superable por una mejor escogencia de los miembros de dicho órgano?

¿Cómo se controla a una Corte, Sala o Tribunal Constitucional?

7. UNA POSICIÓN MEDITADA, A LA LUZ DEL DEBATE DOCTRINAL ASÍ COMO DE LA EXPERIENCIA VENEZOLANA

A nuestro juicio, el argumento de Jeremy WALDRON es contundente: no hace falta el control judicial de la constitucionalidad para perfeccionar la democracia. Ésta, si realmente existe, demanda de un proceso auténticamente deliberativo para discurrir sobre los desacuerdos que se producen en torno a los derechos. Y ese procedimiento, sin duda, es el procedimiento parlamentario.

Si debiésemos mantener un órgano tal, en primer lugar, se debe tecnificar más las cuestiones sobre los derechos en el mismo Texto Constitucional. O, mejor, limitar el control de la constitucionalidad a asuntos sobre el procedimiento parlamentario y el respeto al sistema federal contemplado constitucionalmente. Con las constituciones propias del *neoconstitucionalismo* (sumado a nuestra conocida debilidad institucional y a nuestra característica cultura jurídica –si cabe tal noción-) será imposible erradicar la arbitrariedad de un órgano que –paradójicamente- nació para impedir la arbitrariedad.

II. EL DEBATE SOBRE LA DISCRECIÓN JUDICIAL Y, EN ESPECIAL, LA EJERCIDA POR LOS TRIBUNALES CONSTITUCIONALES

La discreción judicial está en el corazón mismo de los debates filosóficos y teóricos sobre el Derecho, y es uno de los pilares del debate entre el positivismo jurídico (especialmente el representado por autores como Hans KELSEN, Herbert HART y Norberto BOBBIO) y otras corrientes no positivistas, o declaradamente anti-positivistas, que van desde el iusnaturalismo en sus distintas manifestaciones, las concepciones sociológico-jurídicas, el realismo jurídico, el derecho como argumentación, las teorías críticas, las concepciones postmodernas, o la hermenéutica gadameriana aplicada al conocimiento jurídico.

Incluso en la última etapa del debate Hart-Dworkin, quedaron claras las posiciones antagónicas e irreductibles sobre el tema. Hart siempre adujo que en los casos donde el orden legal es indeterminado o incompleto el juez debe ejercer su discreción -que no arbitrariedad- crear nuevo Derecho y aplicarlo al caso concreto. Mientras tanto, su contraparte norteamericana sigue sosteniendo que: *(i)* en el sistema de reglas y principios no hay lagunas, lo cual es demostrable por cómo los jueces en la práctica resuelven los «casos difíciles»; *(ii)* admitir la discrecionalidad supone consentir un derecho injusto, creado *ex post facto* y anti-democráticamente[25]. La postura de Dworkin trajo como respuesta, a mediados de la década de 1970, dos nuevos argumentos positivistas a favor de un cierto margen de discreción judicial: *(i)* el reconocimiento de derechos implícitos; y *(ii)* la posibilidad de adaptar las normas a los cambios sociales.

Más allá de los acuerdos y desacuerdos en relación con el tema (o, precisamente, gracias a su existencia), ha surgido literatura jurídica que ha aclarado más el problema de la discreción judicial[26], los sentidos de ésta y, en particular, la discreción que evidencia un órgano en particular: el tribunal constitucional.

1. El problema de la discreción judicial

A nuestro juicio, el problema de la discreción judicial sale a la superficie una vez que se pone en tela de juicio el modelo de aplicación mecánica del derecho propio de la ilustración. En la medida en que dejamos de ver al Derecho como un sistema completo, ordenado, no redundante y no contradictorio, y al juez como un funcionario apolítico y libre de responsabilidad, que se limita a inferir decisiones que se encontraban ya contenidas en la voluntad expresada por el órgano depositario de la soberanía popular, necesariamente surge el cuestionamiento sobre la legitimidad de los fallos judiciales y de quienes los profieren. No en vano, el punto de partida del debate sobre la discreción judicial es el abandono casi unánime de la concepción mecani-

---

25   Cfr. ARIAS CASTILLO, Tomás A. *El último argumento de Ronald Dworkin en su disputa con H.L.A. Hart. Op. cit.*, p. 40 y s.

26   Una muestra reciente de ello son los trabajos siguientes: IGLESIAS VILA, Marisa. *El problema de la discreción judicial. Una aproximación al conocimiento jurídico*. Madrid: Centro de Estudios Políticos y Constitucionales, 1999, 296 p. SEGURA ORTEGA, Manuel. *Sentido y límites de la discrecionalidad judicial*. Madrid: Editorial Universitaria Ramón Areces, 2006, 107 p. FERNÁNDEZ, Tomás-Ramón. *Del arbitrio y de la arbitrariedad judicial*. Madrid: Iustel, 2005, 134 p.

cista de la jurisprudencia[27]. La cuestión que aquí se suscita es si tal abandono puede conducir a la admisión de una jurisprudencia irracional y meramente voluntarista o si, por el contrario, aún los jueces se encuentran orientados por pautas previas que permitan fiscalizar al menos la plausibilidad de sus decisiones. Por otra parte, no puede dejarse a un lado el hecho de que hay concepciones a las cuales –aun partiendo de las mismas premisas contrarias a la aludida concepción mecanicista de la adjudicación– el derecho judicialmente creado les es muy digno de confianza, mientras que hay otras donde la creación judicial del derecho goza de poca estima[28]. Por último, es muy común el reproche contra el positivismo jurídico hartiano, por admitir «simplemente» la discreción en los «casos difíciles» y no aventurarse a proponer esquemas de justificación judicial, como sí lo intentan las posturas no positivistas y anti-positivistas.

2. Los sentidos de la discreción judicial[29]

Un primer sentido constituye el uso cotidiano de la expresión, y tiene relación con ciertas cualidades que requeriría la función judicial, tales como reflexión, sensatez, ponderación, etc. Casi ninguna disputa genera esta acepción.

Un segundo sentido, conocido como *discreción débil* y cuyo más conocido defensor es Ronald Dworkin, destaca la importancia de dichas cualidades al momento de precisar estándares vagos, ambiguos, abstractos o de alta complejidad. Aun cuando el derecho ofrece una única respuesta correcta, se requiere de grandes virtudes (no presentes en el común de los hombres) para llegar a ella. Igualmente, la valoración de los hechos forma parte de este sentido de la discreción judicial.

Conforme a un tercer uso del término, por discreción (como *definitividad*) se entiende la aplicación del derecho que no es susceptible de

---

27 En este punto, nos ha sido reveladora una obra de Luis Prieto Sanchís (*Ideología e interpretación jurídica*. Madrid: Tecnos, 1987, 146 p.), recientemente reeditada con un título diferente: PRIETO SANCHÍS, Luis. *Interpretación jurídica y creación judicial del derecho*. Lima; Bogotá: Palestra; Temis, 2007, 295 p. Parte del argumento central del autor consiste en que debemos asumir a los jueces como sujetos con tanta responsabilidad política como a los legisladores, especialmente cuando el sistema jurídico no proporciona con claridad soluciones a los casos que atienden aquéllos: «Concebir a los jueces como órganos de producción jurídica supone, sencillamente, entender que los valores y principios que inspiran sus fallos no son más objetivos, ni más legítimos o justos que los del legislador» (PRIETO SANCHÍS, Luis. *Interpretación jurídica y creación judicial del derecho, op. cit.*, p. 224).

28 Aquí el ejemplo paradigmático parece ser el contraste entre la teoría dworkiniana (tan poco proclive al derecho creado por los jueces) y la argumentación jurídica (que tanta deferencia tiene hacia la justicia con toga).

29 En este punto, seguimos la exposición de: IGLESIAS VILA, Marisa. *El problema de la discreción judicial. Una aproximación al conocimiento jurídico, op. cit.*, p. 24-68.

ulterior revisión por parte de otro órgano judicial. En este punto es necesario escindir, como lo hiciera HART, el carácter definitivo de un fallo de la falibilidad del juez que lo pronuncia, así como reconocer la labor que hacen los juristas al señalar con honestidad y seriedad los errores de los órganos superiores[30].

Finalmente, en cuarto sentido aparece la *discreción fuerte*, que consiste en la potestad implícita de los jueces (derivada de su obligación de decidir) para crear la premisa normativa de su razonamiento, allí cuando el derecho es indeterminado, contradictorio o lagunoso[31].

3. LA DISCRECIÓN JUDICIAL DEL TRIBUNAL CONSTITUCIONAL

Conforme a los sentidos de la discreción judicial apuntados, podría señalarse, sin duda alguna, que en materia constitucional al menos, los tribunales constitucionales ostentan la última palabra y, por ende, ejercen la discrecionalidad como *definitividad*. Ello no quiere decir que dichos órganos no se equivoquen, aun cuando no haya posibilidad de volver sobre sus fallos.

Dicho lo anterior –y dejando a un lado la primera acepción, que nada tiene de comprometedora- el problema surge con aceptar la *discreción fuerte*, o no hacerlo y encaminarse por el modelo de la *discreción débil*. Quienes optan por lo primero entienden que, en ocasiones, los estándares con los que cuenta el derecho no son suficientes para guiar la sentencia del juez, mientras que quienes deciden lo segundo necesitan –como DWORKIN- construir una fantasía sobre las cualidades de los jueces («Hércules») para deducir fallos de estándares imprecisos y/o contradictorios.

En nuestro caso, defendemos la existencia de discreción fuerte, aun cuando, como Luis PRIETO SANCHÍS, entendemos que sin bien los estándares más generales o imprecisos no tienen la posibilidad de guiar

---

30   Cfr. ARIAS CASTILLO, Tomás A. ¿Lagunas axiológicas en la Constitución? Breves comentarios a un fallo de la Sala Constitucional. /En/ *Anuario de Derecho Público (2009)*. Caracas: Universidad Monteávila, 2009, p. 79-80.

31   Admitir o rechazar la tesis de la existencia de lagunas jurídicas tiene una vinculación directa con la posibilidad de creación de normas por parte de los jueces. Como señala Pablo E. Navarro, «Si una acción carece de regulación normativa en un cierto caso, la única manera de calificar deónticamente esa acción es añadiendo una nueva norma. ¿Pueden los jueces modificar el sistema normativo? Una respuesta afirmativa no parece insensata. Cuando los jueces ejercitan ese poder normativo, que es intersticial, restringido y dirigido, una nueva norma se añade al sistema y se completa la laguna. En otras palabras, es imposible colmar una laguna sin modificar el sistema y ello requiere uso discrecional (¡pero no arbitrario!) de poderes normativos». NAVARRO, Pablo E. Casos difíciles, lagunas en el derecho y discreción judicial. /En/ ATRIA, Fernando; BULYGIN, Eugenio; MORESO, José Juan (*et. al.*). *Lagunas en el derecho. Una controversia sobre el derecho y la función judicial.* Madrid: Marcial Pons, 2005, p. 96.

completamente la sentencia judicial, sí sirven para poner algunos límites a la interpretación y argumentación jurídicas.

TERCERA PARTE:

LA TEORÍA DE LA DEROGACIÓN Y SU RELACIÓN CON LA REVIVISCENCIA DE TEXTOS NORMATIVOS

I. LA DEROGACIÓN COMO ACTO Y COMO EFECTO

La dinamicidad, sin duda alguna, es una de las características más destacable de los sistemas jurídicos contemporáneos. Si bien ello permite la adaptación –siempre tardía- del mundo normativo a las cambiantes realidades económicas, sociales y políticas, no podemos obviar que dicho proceso se lleva por delante muchas de nuestras expectativas de estabilidad y certeza y, además, por si lo anterior fuese poco, amenaza con tornar inadecuado nuestro utillaje técnico y conceptual[1]. No obstante ello, como juristas, es nuestro deber emplear de la mejor forma posible nuestras herramientas teóricas, para tratar de presentar –y quizás dar atisbos de soluciones a- los problemas que confrontamos. Por lo tanto, antes de resignarnos a afirmar que la reviviscencia de leyes derogadas ha existido y seguirá existiendo en la medida en que los jueces constitucionales así lo entiendan necesario (y de mejor o peor manera lo motiven en sus decisiones), dependiendo de las circunstancias tópicas de los casos que resuelvan, intentaremos ofrecer una perspectiva que, allende las limitaciones halladas, case con el estado de nuestra disciplina.

Así las cosas, el primer eslabón conceptual de la reviviscencia es la derogación, una noción sobre la cual no solía escribirse mucho[2] pero

---

1   En este punto resultó de provecho lo expresado por Alejandro NIETO, en su lección jubilar, sobre las limitaciones inherentes al método conceptual en el Derecho: «La aplicación del Derecho no es una operación lógica sino social: una ponderación de intereses en conflicto que el método conceptual desatiende; en definitiva, pretender resolver un conflicto con simples deducciones, como hace el método conceptual, sin entrar en los intereses concretos que están en juego, es pura y simplemente una aberración». Cfr. NIETO, Alejandro; GORDILLO, Agustín. *Las limitaciones del conocimiento jurídico*. Madrid: Trotta, 2003, p. 25. En sentido análogo, ver: GARCÍA DE ENTERRÍA, Eduardo. *Justicia y seguridad jurídica en un mundo de leyes desbocadas (Reimp)*. Madrid: Civitas, 2000, p. 102-103.

2   Como correctamente apunta DELGADO ECHEVERRÍA, no sólo la derogación sino toda la teoría de la norma jurídica y las fuentes del Derecho estaba hasta hace poco en manos de los civilistas. Tal circunstancia es constatable al revisar las disposiciones preliminares de

que en las últimas tres décadas –por su lugar central en la dinámica jurídica- ha sido abordada desde diversas ópticas[3], lamentablemente no siempre con la debida congruencia y claridad expositiva[4].

Una perspectiva muy fructífera, aun cuando presenta sus insuficiencias, es la Filosofía Analítica del Derecho[5], muy bien representa-

cualquier Código Civil, donde por única vez, y en escuetos artículos, todo se dice sobre la producción y aplicación de las normas. Ver: DELGADO ECHEVERRÍA, Jesús. *Las normas derogadas. Validez, vigencia, aplicabilidad.* /En/ Derecho Privado y Constitución N° 17. Madrid: CEPC, enero-diciembre de 2003, p. 198 y s.

3   Dado que es imposible abarcar todos los problemas suscitados por la derogación en el presente trabajo, remitimos al lector a las obras generales sobre el tema: MODUGNO, Franco. Abrogazione. /En/ *Enciclopedia giuridica.* Roma: Istituto della Enciclopedia Italiana, 1988, volumen 1, 8 p. LUZZATI, Claudio (comp.). *L'abrogazione delle leggi. Un dibattito analitico.* Milán: Giuffrè, 1987, 113 p. DÍEZ-PICAZO, Luis María. *La derogación de las leyes.* Madrid: Civitas, 1990, 377 p. AGUILÓ REGLA, Josep. Derogación. /En/ GARZÓN VALDÉS, Ernesto; LAPORTA, Francisco (Eds.). *Enciclopedia iberoamericana de filosofía (2ª Ed.).* Madrid: Trotta, Tomo 11 (*El derecho y la justicia*), 2000, p. 199-208. AGUILÓ REGLA, Josep. *La derogación en pocas palabras.* /En/ Anuario de Filosofía del Derecho. Madrid: Ministerio de Justicia e Interior; Universidad de Zaragoza, tomo XI (nueva época), 1994, p. 407-418. GASCÓN ABELLÁN, Marina. Cuestiones sobre la derogación. /En/ DOXA Núms. 15-16. Alicante: UA, 1994, p. 845-859. ITURRALDE SESMA, Victoria. Derogación innominada, acto de habla y condiciones de satisfacción. /En/ *Anuario de filosofía del derecho.* Madrid: Ministerio de Justicia; Ministerio de la Presidencia, tomo XIX (nueva época), 2002, p. 357-375.

4   Por razones de espacio y para no desviarnos demasiado, tomemos un solo ejemplo: la teoría de ALCHOURRÓN y BULYGIN (inspirada en Joseph RAZ) de la derogación, a partir de su distinción entre orden jurídico y sistema jurídico. En la doctrina revisada, se atribuye a dichos autores argentinos la explicación más correcta sobre la dinámica jurídica, conforme a la cual cualquier adición (promulgación) o sustracción (derogación y demás modos de extinción de la vigencia) de normas hace que surja un nuevo sistema. Así, un sistema jurídico es un conjunto de normas con todas sus consecuencias lógicas, mientras que un orden jurídico viene a ser una secuencia de sistemas jurídicos. Para una explicación articulada de las tesis de ALCHOURRÓN y BULYGIN sobre la derogación, ver: AGUILÓ REGLA, Josep. *Derogación, rechazo y sistema jurídico.* /En/ DOXA N° 11. Alicante: UA, 1992, p. 263-280. La crítica, solitaria en el ámbito de habla hispana, a la tesis expuesta, corresponde a Ulises SCHMILL (Cfr. SCHMILL ORDÓÑEZ, Ulises. *La derogación y la anulación como modalidades del ámbito temporal de validez de las normas jurídicas.* /En/ DOXA N° 19. Alicante: UA, 1996, p. 229-258. SCHMILL O., Ulises. Observaciones a "inconstitucionalidad y derogación". En/ *Discusiones* N° 2. Bahía Blanca: UNS, 2001, p. 79-119). Para dicho profesor mexicano, de orientación kelseniana: (i) es contra-intuitivo admitir que con cualquier cambio normativo –cada contrato celebrado, cada acto administrativo proferido, casa reglamento, cada anulación etc.- se deja atrás un sistema normativo; y (ii) la derogación no supone sustraer normas, sino modular los efectos temporales de las normas, cosa muy distinta; tesis ambas que nosotros suscribimos, con el añadido de hacer notar cómo pueden cometerse serios dislates al tratar de aplicar la lógica de sistemas a las explicaciones sobre los fenómenos jurídicos.

5   «"Analizar", en efecto, significa dividir, distinguir, descomponer, seccionar. El espíritu analítico consiste precisamente en considerar las cosas en sus elementos más simples antes que en su conjunto (…). En segundo lugar, en el sentido de la *analytical jurisprudence* de Jeremy Bentham y John Austin, cuyo método "analítico" se contrapone al método histórico, y consiste esencialmente en el estudio de los conceptos jurídicos fundamentales. En

da por Riccardo GUASTINI[6], la cual, partiendo de los aportes sobre los actos de habla, amalgamó una teoría plausible sobre la derogación. Según GUASTINI, debe evitarse a toda costa la ambigüedad del término «validez», del cual caen presos KELSEN y sus seguidores, quienes califican a la derogación como una pérdida de validez o, dicho en términos kelsenianos, la pérdida de la «existencia específica» de la norma[7]. Por ello, para GUASTINI, el concepto de validez debe desdoblarse para dar cabida a dos cosas distintas: *(i)* la pertenencia de una norma a un ordenamiento jurídico, por ausencia de vicios formales y/o materiales en su producción normativa; y *(ii)* la aplicabilidad de una norma a un supuesto de hecho. Según el autor italiano, la derogación afecta, precisamente, el segundo sentido de la validez, esto es, la aplicabilidad de la norma a determinados supuestos de hecho, específicamente, los acaecidos luego del acto derogatorio.

Entonces, la derogación vendría a ser un acto jurídico del legislador, que se manifiesta a través de una disposición, la cláusula derogatoria, que tiene por efecto excluir la aplicabilidad de otra disposición

---

tercer lugar, en el sentido del análisis del lenguaje tal como es practicado por la corriente empirista y, precisamente, "analítica", de la filosofía contemporánea a partir de Bertrand Russell, Ludwig Wittgenstein y el Círculo de Viena. Finalmente, el análisis del lenguaje consiste en distinguir cuidadosamente entre el lenguaje descriptivo y el discurso prescriptivo (o normativo) y valorativo». Cfr. GUASTINI, Riccardo. Bobbio, o de la distinción. /En/ *Distinguiendo. Estudios de teoría y meta-teoría del derecho.* Barcelona: Gedisa, 1999, p. 58-59.

6   GUASTINI, Riccardo. In tema di abrogazione. /En/ LUZZATI, Claudio (comp.). *L'abrogazione delle leggi. Un dibattito analitico.* Milán: Giuffrè, 1987, p. 3-31. Debe destacarse que toda la obra colectiva citada –contentiva de un debate a partir del artículo de GUASTINI- brinda aportes muy destacados y originales en la discusión conceptual sobre la derogación de las normas. La primera monografía en castellano sobre el tema, aplicada al ordenamiento jurídico español (DÍEZ-PICAZO, Luis María. *La derogación de las leyes.* Madrid: Civitas, 1990, 377 p.) recibe una influencia bastante evidente del libro italiano citado, lo cual no es casual pues DÍEZ-PICAZO escribió su obra en Italia apenas publicada *L'abrogazione...*

7   Cfr. CONTE, Amedeo G. Tre domande sull'abrogazione. /En/ LUZZATI, Claudio (comp.). *L'abrogazione delle leggi. Un dibattito analitico, op. cit.,* p. 43. MAZZARESE, Tecla. Variazioni in tema d'abrogazione. /En/ LUZZATI, Claudio (comp.). *L'abrogazione delle leggi. Un dibattito analitico, op. cit.,* p. 84. La teoría kelseniana de la validez, que concibe a ésta como existencia en el mundo jurídico –y no matiza entre la existencia, la ausencia de vicios y la aplicabilidad- es tan contraproducente que llevó a KELSEN al absurdo de expresar que no existe tal cosa como una norma inconstitucional, aun cuando, de hecho, los jueces apliquen normas contrarias a preceptos constitucionales, pues ello vendría explicado por la presencia de una «cláusula alternativa tácita», que permitiría al legislador dictar leyes conformes a la Constitución, así como normas contrarias a la Constitución, lo cual destruye las ideas mismas de normatividad constitucional y producción escalonada del ordenamiento jurídico. Sobre el tema, que toca intersticialmente la tesis kelseniana sobre la derogación, ver: MORESO MATEOS, José Juan. *Sobre normas inconstitucionales.* /En/ REDC N° 38: CEC, (mayo-agosto de) 1994, p. 81-115.

o norma[8] para supuestos de hechos posteriores al acto derogatorio. Ello para el caso de la derogación expresa, supuesto en el que estamos centrados, pues es posible que exista efecto derogatorio sin acto derogatorio, como ocurre con la derogación tácita, o por incompatibilidad (esto es, la aplicación judicial del principio *lex posterior derogat priori* frente a un conflicto de normas), y en la derogación por nueva regulación de la materia[9].

II. El problema de una teoría de la legislación (y por ende, de la derogación) construida antes de la entrada en vigencia de textos constitucionales normativos y rígidos, y de la puesta en práctica del control judicial de la constitucionalidad

La reviviscencia de una disposición derogada expresamente sólo sería posible si se admitiese: *(i)* la reversibilidad del efecto derogatorio; y *(ii)* la manipulación *ex post*, sea por anulación o por sucesiva derogación, de la ley contentiva de la cláusula derogatoria expresa.

Sobre la primera cuestión debe señalarse que la misma etimología del término «reviviscencia» muestra lo que era la teoría clásica en materia de derogación: el efecto derogatorio sería irreversible, «la ley ha muerto» y, como consecuencia necesaria, no es posible traer leyes de la muerte, esto es, revivirlas[10]. Sin embargo, como hemos expresado anteriormente, el verdadero efecto derogatorio no consiste en eliminar la existencia («física», casi, diríamos) de una disposición, ni su pertenencia al ordenamiento jurídico, sino en modular el ámbito temporal de su aplicabilidad. Así: *(i)* la disposición derogada es ultractiva o, lo que es lo mismo, aplicable a supuestos de hecho previos a la derogación expresa y, por argumento *a contrario*, dicho texto no es aplicable a supuestos de hecho posteriores a la derogación expresa; y

---

8   Es común el aserto según el cual la derogación expresa nominada (donde inequívocamente se señala el objeto a derogar) afecta a las disposiciones jurídicas, mientras que la derogación expresa innominada (las cláusulas del tipo «Quedan derogadas todas las disposiciones que coliden con...») y la derogación tácita, o por incompatibilidad, afecta a las normas jurídicas o, lo que es lo mismo, a las disposiciones jurídicas interpretadas.

9   El Código Civil italiano, a diferencia de los Códigos Civiles español y venezolano, reconoce expresamente la derogación por nueva regulación de la materia.

10   Cfr. DÍEZ-PICAZO, Luis María. *La derogación de las leyes, op. cit.*, p. 236-237. Dicha visión tradicional de la derogación como «muerte» de la ley tiene como correlato una visión de la entrada en vigencia como «nacimiento» de aquélla. Cfr. SANCHEZ-COVISA, Joaquín. *La vigencia temporal de la ley en el ordenamiento jurídico venezolano (reed.), op. cit.*, p. 38: «A pesar del peligro que entrañan en el territorio jurídico las analogías, las cuales, las más de las veces, confunden en mayor medida que aclaran, podemos afirmar que las leyes, al igual que las personas, tienen una existencia temporal. Nacen y mueren y, además, en el momento del nacimiento y de la muerte, suscitan problemas específicos, ya que su personalidad tiende a veces a rebasar el instante preciso en que se verifican esos dos acontecimientos».

(ii) en razón del principio de la irretroactividad de las leyes, la nueva
disposición sólo puede regular supuestos de hecho posteriores a su
promulgación, porque, como ha quedado dicho, para los supuestos
de hecho previos será aplicable la norma derogada/ultractiva. Siendo
ello así, nada obstaría para que una nueva voluntad legislativa reesta-
bleciese la plena aplicabilidad de la norma derogada, para cualquier
supuesto de hecho futuro[11]. Sin embargo, la operatividad de la reviviscencia siempre dependerá del derecho positivo correspondiente[12].

En cuanto al segundo punto, ciertamente es posible que: *(i)* el legislador derogue una cláusula derogatoria, o una ley contentiva de
cláusulas derogatorias; y *(ii)* se anule por inconstitucional una ley
contentiva de cláusulas derogatorias, o una cláusula derogatoria[13].
Aun así, en ninguno de los dos casos se producirá automáticamente
la reviviscencia del primer texto derogado, pues de las voluntades de
derogar y anular sólo se deriva eso y nada más, a menos que el órgano
legislativo o jurisdiccional dé señales inequívocas de su intención de
dar vigencia nuevamente a un texto derogado[14].

---

11   No obstante, la SC, en un caso distinto a los aquí reseñados, con citas de Díez-Picazo y Pé-
rez-Luño, expresó que la reviviscencia hecha por el legislador resultaba contraria al efecto
derogatorio arquetípico (irreversible) así como afectaba la cognoscibilidad de las normas,
parte esencial del principio constitucional de la seguridad jurídica. Cfr. VENEZUELA.
Tribunal Supremo de Justicia. Sentencia N° 1142/2003 de 15 de mayo, de la Sala Constitucional (caso: *Freddy J. Belisario y Fanny Brito de Belisario*) [en línea] http://historico.tsj.gob.
ve/decisiones/scon/mayo/1142-150503-02-1187%20.HTM (última fecha de consulta: 24
de septiembre de 2023).

12   Así, por ejemplo, el artículo 2.2 del Código Civil español dispone que «Por la simple derogación de una ley no recobran vigencia las que ésta hubiere derogado», lo cual no impide
la reviviscencia, pero la condiciona a una expresión inequívoca del legislador. En cambio,
el Código Civil venezolano siquiera alude al problema, y su artículo 7 se limita a expresar
que «Las leyes no pueden derogarse sino por otras leyes; y no vale alegar contra su obser-
vancia el desuso, ni la costumbre o práctica en contrario, por antiguos y universales que
sean».

13   Incluso, es posible que se anulen por inconstitucionales leyes derogadas, con el objeto de
impedir su aplicación ultractiva.

14   Como señala Sánchez-Covisa: «la ulterior derogación del precepto derogatorio no revive
de nuevo el precepto derogado, salvo que el legislador manifieste su voluntad en tal sentido». SANCHEZ-COVISA, Joaquín. *La vigencia temporal de la ley en el ordenamiento jurídico
venezolano (reed.), op. cit.,* p. 94-95. Por una parte, la reviviscencia de normas derogadas
mediante la derogación de la norma que, a su vez, derogó a las primeras, no es aceptada
en la doctrina y en la jurisprudencia. La primera razón aducida en su contra es el carácter
no retroactivo de la derogación. La segunda, de orden más práctico, es el desorden legislativo que se produciría si se admitiese tal posibilidad. Y, por otra parte, en contra de la
reviviscencia de normas derogadas por normas inconstitucionales anuladas se aduce: *(i)*
el problema de la certeza del derecho y de la disparidad de tratamiento entre relaciones
agotadas –que se mantienen bajo el imperio de las normas anuladas– y las relaciones pendientes –que, en cambio, son regulados por las normas revividas–; *(ii)* la posibilidad de
que se revivan normas derogadas hace mucho tiempo y, por tanto, emanadas en un contexto político, económico y social muy diverso –a esto se le ha llamado la *riemersione delle*

Tal indeterminación sobre la procedencia o no de la reviviscencia, estimamos, debería ser resuelta normativamente en los textos constitucionales, por tratarse de un asunto de la máxima importancia para la producción y aplicación del Derecho y, sobre todo, para fiscalizar mejor el poder tanto del parlamento como de los tribunales constitucionales, quienes, a falta de una regulación expresa, reviven disposiciones jurídicas sin posibilidad de que se ejerza sobre ellos un verdadero control jurídico. Lamentablemente, aun cuando en el Estado constitucional contemporáneo se señala que es la Constitución la norma encargada de regular la producción y aplicación normativas, lo cierto es que, por el silencio de la Norma Suprema, aún es con base en normas legales (o, peor, conforme a la a veces caprichosa praxis legislativa y judicial) que se resuelven estos problemas.

III. La anulabilidad de la cláusula derogatoria expresa inconstitucional: tres únicas posibilidades

A nuestro juicio, los tres únicos casos en los que sería posible anular por motivos de inconstitucionalidad una cláusula derogatoria expresa son: *(i)* ausencia de competencia legislativa del órgano emisor[15]; *(ii)* vicios procedimentales cometidos por un órgano con facultades legislativas; y *(iii)* transgresión por el órgano legislativo de una previsión de inderogabilidad legal, contenida en la Constitución[16].

Hallamos justificación para aseverar lo anterior, en primer lugar, por el carácter inagotable de la función legislativa, que permite al legislador usar indefinidamente su poder de innovar el ordenamiento,

---

ombre del passato-; *(iii)* la incerteza conexa a la interpretación y coordinación de la norma revivida; *(iv)* la posibilidad de que las normas revividas sean, a su vez, inconstitucionales; *(v)* el carácter instantáneo y definitivo de la derogación; y *(vi)* la naturaleza de las normas inconstitucionales, las cuales no serían nulas-inexistentes, sino sólo inválidas y, por tanto, idóneas para producir el efecto derogatorio. Cfr. CELOTTO, Alfonso. *Reviviscenza degli atti normativi.* /En/ *Enciclopedia giuridica.* Roma: Istituto della Enciclopedia Italiana, 1998, volumen 27, p. 3-5.

15   Como señaláramos antes, éste fue el argumento empleado en la STC 61/1997 de 29 de marzo, siendo bastante discutible, eso sí, si el Estado español tenía o no competencia para dictar normas supletorias en materia urbanística, así como derogar el derecho preconstitucional sobre dicha materia.

16   Aun cuando DÍEZ-PICAZO apunta, y con razón que toda previsión legal de inderogabilidad es un fraude a la Constitución, así como un intento inocuo de frenar la actividad legislativa, decidimos considerar este punto porque es posible que sea la Constitución misma la que regule la derogación para, así, impedir indeseables vacíos normativos, que, a fin de cuentas, es lo que la reviviscencia intenta subsanar. Cfr. DÍEZ-PICAZO, Luis María. *La derogación de las leyes, op. cit.*, p. 97-99.

para lo cual es clave la derogación[17]. En segundo lugar, aun cuando la
validez de las normas viene definida por la competencia del órgano,
el seguimiento del procedimiento y la no contradicción sustantiva con
normas de rango superior, lo cierto es que las cláusulas derogatorias
expresas sólo tienen por objeto producir el efecto derogatorio y no
están dirigidas a regir la conducta de sujeto alguno y, por tanto, nada
prohíben, permiten u obligan. En consecuencia, sólo podrían trans-
gredir una norma superior si menoscaban el reparto competencial por
ella establecido, si violan el procedimiento pautado para su producción, o si dicha norma superior imposibilita la derogación de determinada ley.

---

17   La *facultas abrogandi*, falta de regulación expresa en muchos textos constitucionales, se
vincula al carácter inagotable de las fuentes, esto es, al hecho de que ningún poder cons-
tituido puede declarar la inderogabilidad de alguna de sus normas por futuras manifestaciones de ese mismo poder, pues se estaría ejerciendo espuriamente una función constituyente. Por todos, ver: GASCÓN ABELLÁN, Marina. *Cuestiones sobre la derogación.* /En/
DOXA Núms. 15-16. Alicante: UA, 1994, p. 853.

CUARTA PARTE

La propuesta kelseniana de otorgar a los jueces
constitucionales la potestad discrecional de revivir un
texto legal derogado, cuando se anule por motivos de
inconstitucionalidad la ley que había derogado dicho texto
legal. Su recepción en Italia y España.

Como apuntábamos antes, contrario a ciertas suposiciones basadas
en erróneas concepciones lógicas, la reviviscencia no es un producto automático, sino el resultado de una decisión deliberada, sea en
sede parlamentaria cuando media derogación, o en sede del Tribunal
Constitucional cuando la precede una declaración de inconstitucionalidad y una consiguiente anulación.

Por eso, así como enseñaba Kelsen a comienzos del siglo pasado,
sostenemos que la reviviscencia es el producto del ejercicio discrecional de una potestad legislativa, que – a nuestro juicio- debe estar
sujeto a un control sobre su razonabilidad y requiere, necesariamente,
que los órganos que la realicen brinden argumentos persuasivos sobre
la necesidad de la medida, su adecuación con los fines perseguidos, su
respeto hacia el orden establecido en la Constitución, para lo cual resulta menester realizar la ponderación de intereses presentes en cada
caso y resolver de modo tal que se minimice el impacto negativo de la
medida sobre las normas y principios constitucionales, globalmente
considerados[1].

---

1   En tal sentido, consideramos importante reproducir textualmente lo afirmado por Isabel
    Lifante Vidal: «Tradicionalmente se ha considerado que lo que caracteriza a la actividad
    política es precisamente ser definidora de nuevos objetivos sociales o promotora de valores aún no incorporados al orden jurídico. De este modo, el órgano legislativo, como
    paradigma de órgano político, no se veía sometido por el Derecho existente, sino que su
    función sería precisamente la de innovar el ordenamiento, incorporando al mismo esos
    nuevos objetivos o valores. Sin embargo, parece que esta concepción de la actividad política ya no encaja completamente en el nuevo paradigma jurídico al que está dando lugar el
    constitucionalismo contemporáneo, y que vendría a desdibujar la distinción tajante entre
    órganos jurídicos y órganos políticos. Si se toma en serio a la Constitución como fuente de
    Derecho, y se considera que su finalidad es la de configurar un orden jurídico que sea una
    concreción y garantía de los derechos y valores constitucionales, entonces el poder legis-

I. La propuesta kelseniana

En 1928, Hans Kelsen abordó el problema que nos ocupa, esto es, la posibilidad de que el órgano encargado del control concentrado de la constitucionalidad de las leyes anulase normas derogatorias y, en tal caso, qué efecto tendría dicha declaratoria de nulidad por inconstitucionalidad[2]. Sostenemos –con base en la doctrina y jurisprudencia que más abajo repasaremos– que las palabras del autor de la *Teoría Pura del Derecho* tienen tanta vigencia hoy como la tuvieron en 1928.

En primer lugar, una de las cosas que más llamó nuestra atención es la postura asumida por Kelsen, en aras de la seguridad jurídica, contra la atribución de efecto retroactivo (*ex tunc*) a la anulación de normas generales[3]. Un corolario de lo anterior es su afirmación siguiente: «Esto significa, por ejemplo, que la anulación de una ley por el tribunal constitucional no acarrea, absolutamente, el restablecimiento del estado de derecho existente antes de la entrada en vigor de la ley anulada, la anulación no hace revivir la antigua ley referida al mismo objeto y que la ley anulada abrogó. De la anulación resulta, por así decirlo, una esfera vacía de derechos. Una materia que hasta entonces es encontraba regulada, deja de serlo, las obligaciones jurídicas desaparecen, la libertad jurídica les sucede»[4].

En segundo lugar, Kelsen señala que frente a la desregulación producida por la anulación, en algunos casos (*i.e.* cuando la ley ha sido anulada más por la irregularidad de su producción que por su conte-

---

lativo ya no puede verse como un órgano meramente político, al que sólo se le limitarían los medios y al que se dejarían abiertos completamente los fines. En este sentido puede decirse que el razonamiento político-legislativo se juridifica, puesto que algunos fines de la acción política vienen ordenados por las constituciones (a través precisamente de las directrices). Y es en este sentido en el que creo que puede considerarse que el concepto de "discrecionalidad" pasa a operar también en el ámbito legislativo». LIFANTE VIDAL, Isabel. *Dos conceptos de discrecionalidad jurídica.* /En/ DOXA N° 25. Alicante: UA, 2002, p. 436-437.

2   Lo hizo en su clásico *La garantie jurisdictionnelle de la Constitution (La justice constitutionnelle),* el cual citaremos, en lo sucesivo, por la traducción al castellano hecha por Rolando Tamayo y Salmorán (México: UNAM, 2001).

3   KELSEN, Hans. *La garantía jurisdiccional de la Constitución (La justicia constitucional), op. cit.,* p. 83.

4   KELSEN, Hans. *La garantía jurisdiccional de la Constitución (La justicia constitucional), op. cit.,* p. 84. En la doctrina, se intenta diferenciar la derogación de la anulación, fundamentalmente por el efecto *ex tunc* de ésta, en contraste con la derogación, la cual sólo implicaría la pérdida de vigencia *pro futuro*. Javier JIMÉNEZ CAMPO, correctamente, apunta contra tal diferenciación, hecha con abstracción del hecho de que el único ordenamiento donde se consagra expresamente la reviviscencia del texto derogado es el austríaco, cuyo artículo 140.6 constitucional prevé, además, la carencia absoluta de efecto retroactivo de la sentencia de inconstitucionalidad. Cfr. JIMÉNEZ CAMPO, Javier. La declaración de inconstitucionalidad de la ley. /En/ RUBIO LLORENTE, Francisco; JIMÉNEZ CAMPO, Javier. *Estudios sobre jurisdicción constitucional.* Madrid: McGraw-Hill, 1998, p. 125.

nido) y cuando se presuma que la elaboración de una nueva ley pueda demorarse, es necesario considerar la factibilidad de diferir los efectos de la anulación por un plazo razonable[5].

En tercer lugar –y de mucho interés para el objeto de nuestro trabajo- Kelsen propone otra vía para subsanar el vacío normativo: *(i)* otorgar un poder discrecional al juez constitucional para revivir –en el sentido de reotorgar vigencia- a textos normativos derogados por normas anuladas por razones de inconstitucionalidad; *(ii)* no hacer de la reviviscencia de textos normativos derogados por leyes declaradas inconstitucionales la regla general de la anulación, sino emplearla sólo en casos específicos, tales como los de leyes anuladas cuyo único contenido sea derogatorio; *(iii)* limitar la anulación de normas generales a un determinado plazo desde su entrada en vigor, con el propósito de evitar la reviviscencia de normas demasiado viejas e incompatibles con las demás normas vigentes[6]. A su juicio, otorgar tal posibilidad al tribunal constitucional, aun cuando «acentuaría mucho el carácter legislativo de su función»[7], «sólo comprendería a las normas que hubieran sido puestas en vigor, anteriormente, por el legislador regular»[8].

Hoy en día, cuando ya se cuenta con una vasta experiencia en la teoría y la práctica del control concentrado de la constitucionalidad de las leyes y demás actos con rango y fuerza de ley, podemos decir que la propuesta hecha por Kelsen en 1928 –aun a falta de textos constitucionales y legales que así la prevean- encuentra eco en la doctrina y jurisprudencia constitucionales. Tomemos dos ejemplos relevantes, Italia y España:

Por una parte, en Italia, Alessandro Pizzorusso destaca que la reviviscencia de textos normativos derogados por normas inconstitucionales anuladas, allí cuando la *Corte Costituzionale* decida determinarla, constituye uno de los modos de «eficacia positiva» del fallo constitucional (para diferenciarla de la «eficacia negativa», cuya expresión es la eliminación de algún precepto del ordenamiento jurídico)[9].

Y, por la otra, en España, Javier Jiménez Campo expresa que el pronunciamiento de nulidad «puede adquirir también una dimensión creadora de Derecho por otra vía, a través de la resurrección o revivificación de la regla que fue expresamente derogada por la declarada inconstitucional y nula (...). [T]al posible efecto revitalizador sólo se

---

5   KELSEN, Hans. *La garantía jurisdiccional de la Constitución (La justicia constitucional)*, *op. cit.*, p. 85.

6   KELSEN, Hans. *La garantía jurisdiccional de la Constitución (La justicia constitucional)*, *op. cit.*, p. 85-86.

7   KELSEN, Hans. *La garantía jurisdiccional de la Constitución (La justicia constitucional)*, *op. cit.*, p. 86.

8   KELSEN, Hans. *La garantía jurisdiccional de la Constitución (La justicia constitucional)*, *op. y loc. cit.*

9   PIZZORUSSO, Alessandro. *Lecciones de Derecho constitucional*. Madrid: CEC, 1984, Tomo II, p. 341.

verifica, para nuestro Derecho, en dos supuestos. El primero es, claro está, el de la posible declaración de nulidad, precisamente, de una disposición derogatoria (…). El segundo -de proyección más amplia- es cuando coinciden, en la declaración de inconstitucionalidad y nulidad, defensa de la Constitución y defensa también, por así llamarla, de una disposición de ley concreta, que fue, en esta hipótesis, indebidamente derogada por una disposición incursa en vicio de incompetencia o en inadecuación de procedimiento (…). Al margen de estos dos casos, el efecto indirecto que comento debe descartarse; sólo en ellos la resurrección de la norma derogada tiene un sentido restaurador –como corresponde a la nulidad- de la constitucionalidad conculcada (…)»[10].

Los casos constitucionales a los que aluden PIZZORUSSO y JIMÉNEZ CAMPO fueron los decididos, respectivamente, a través de la SCC 107/1974 de 23 de abril -cuyo criterio fue ratificado en la SCC 108/1986 de 22 de abril- y la STC 61/1997 de 29 de marzo. En los siguientes dos apartados, comentaremos dichos casos y aludiremos a otros de la *Corte Costituzionale* donde la cuestión ha vuelto a ser discutida. Extenderemos nuestra exposición en el caso español, por la complejidad sustantiva del asunto.

II. EL CASO ITALIANO: LA SCC **107/1974** DE **23** DE ABRIL[11] Y LA SCC **108/1986** DE **22** DE ABRIL[12]

En la primera sentencia señalada en el epígrafe, la *Corte Costituzionale* emitió un pronunciamiento definitivo, luego de haber acumulado seis cuestiones de constitucionalidad elevadas por órganos jurisdic-

---

10 JIMÉNEZ CAMPO, Javier. La declaración de inconstitucionalidad de la ley, *op. cit.*, p. 125-126. Aun cuando el autor señala un ejemplo para el segundo supuesto (la STC 76/1992, que declaró la nulidad por inconstitucionalidad del artículo 130 de la Ley General Tributaria, según su redacción en el artículo 110 de la Ley 33/87), no vemos diferencia alguna que justifique la distinción entre los dos supuestos por él propuesta, pues la incompetencia o la inadecuación del procedimiento determinan igualmente la inconstitucionalidad de la derogación –sea vista como acto o como norma expresiva de dicho acto-, y formarían parte de la justificación de la, en palabras de JIMÉNEZ CAMPO, «defensa de la ley» inconstitucionalmente derogada, que podría conllevar su reviviscencia.

11 ITALIA. Corte Constitucional. Sentencia N° 107/1974, de 23 abril (caso: *legitimidad constitucional de la Ley N° 11 de 11 de febrero de 1971, sobre regulación de alquileres de fondos rústicos*) [en línea] http://www.giurcost.org/decisioni/1974/0107s-74.html (última fecha de consulta: 24 de septiembre de 2023).

12 ITALIA. Corte Constitucional. Sentencia N° 108/1986, de 22 de abril (caso: *legitimidad constitucional de la Ley N° 377 de 25 de julio de 1984 –normas correctivas e integradoras de los artículos 24 y 67 de la Ley N° 392 de 27 de julio de 1978- y de la Ley N° 118 de 5 de abril de 1985 –medidas financieras a favor de las áreas de alta tensión habitacional-*) [en línea] http://www.giurcost.org/decisioni/1986/0108s-86.html (última fecha de consulta: 24 de septiembre de 2023).

cionales de distintas instancias y regiones[13], sobre el artículo 32 de la
Ley N° 11 de 11 de febrero de 1971 (sobre regulación de alquileres de
fondos rústicos)[14], disposición que expresamente derogó el artículo
único de la Ley N° 527 de 13 de junio de 1961[15], que a su vez disponía que la prórroga de los contratos agrarios no era admisible cuando
el concedente manifestase la voluntad de llevar a cabo en el fondo
radicales e inmediatas transformaciones cuya ejecución fuese incompatible con la ejecución del contrato, transformaciones que, además,
fuesen declaradas útiles a los fines de la producción agraria, por parte
del *Ispetoratto compartimentale dell'agricoltura*. En las distintas instancias donde se realizaban los procesos judiciales correspondientes, los
agricultores sostenían que el artículo único de la Ley N° 527 había
funcionado como un arma perniciosa en manos de los propietarios
que sólo deseaban terminar con la relación contractual.

Y, por la otra parte, los propietarios de fondos rústicos con vocación
agraria denunciaban que la supresión de tal supuesto de terminación
del vínculo jurídico lesionaba el derecho de propiedad, así como la
libertad económica y la explotación racional del suelo, consagrados
en los artículos 42, 41 y 44, respectivamente, de la Constitución de la
República Italiana. Finalmente, en los fundamentos jurídicos 5, 6 y
7, la Corte juzgó excesiva la prórroga automática del contrato agrario, cuando los propietarios tuviesen intenciones de realizar radicales
cambios en sus fundos, bajo los términos de la derogada Ley N° 527
de 13 de junio de 1961. Por tal motivo, declaró la inconstitucionalidad del artículo 32 de la Ley N° 11. Seguidamente, la Corte también
declaró la inconstitucionalidad del artículo 5 *ter, ultimo comma*, de la
Ley N° 592 de 4 de agosto de 1971[16], que interpretó auténticamente
el mencionado 32 y, a su vez derogó el artículo 1 del D.L.C.P.S.[17] N°

---

13 Louis Favoreu señala que la Corte Constitucional italiana posee una concepción muy amplia de la cuestión de constitucionalidad, por lo que toda autoridad dentro de la estructura judicial –e incluso fuera de ella, si tiene atribuidas funciones jurisdiccionales- puede
elevar cuestiones a la Corte. Asimismo, Favoreu destaca la preeminencia de los jueces in-
feriores, «que cada vez tienen más tendencia (sic) someter casos al Tribunal, en ocasiones,
por lo demás, para desembarazarse (momentánea o definitivamente) de un litigio molesto
o engorroso de resolver». Cfr. FAVOREU, Louis. *Los tribunales constitucionales*. Barcelona:
Ariel, 1994, p. 92.

14 Legge 11 febbraio 1971, n. 11 (*Nuova disciplina dell'affitto di fondi rustici*), pubblicata sulla
Gazzetta Ufficiale di 22 febbraio 1971, n. 46. El texto completo de la ley puede consultarse
[en línea] en: http://www.casaportale.com/public/uploads/norme-3204-pdf1.pdf (última fecha de consulta: 24 de septiembre de 2023).

15 «Art. 32. É abrogato l›articolo unico della legge 13 giugno 1961, n. 527».

16 Tal y como se plantease en todas las cuestiones de constitucionalidad suscitadas, salvo la
del tribunal de Grosseto.

17 *Decreto Legislativo del Capo Provvisorio dello Stato*, o Decreto Legislativo del Jefe Provisional del Estado. [Nota: dicha autoridad fue designada por la Asamblea Constituyente y

273 de 1 de abril de 1947, concerniente a la prórroga de los contratos agrarios. Finalmente, como efecto de las anteriores declaratorias de ilegitimidad constitucional, la *Corte Costituzionale* declaró la reviviscencia de la Ley N° 527 de 13 de junio de 1961[18].

En la segunda sentencia anunciada en el epígrafe, la *Corte Costituzionale* declaró contrarias a la Constitución de la República Italiana las prórrogas legales a los contratos de arrendamiento inmobiliario, posteriores a aquélla dispuesta por el artículo 15 bis de la Ley N° 94 de 25 de marzo de 1982[19]. Concretamente, dicho órgano jurisdiccional señaló que las restricciones al derecho de propiedad en razón de la función social de ésta, han de obedecer a un criterio extraordinario y temporal (FJ 3). En el FJ 9, la Corte expresó que «de todas las observaciones hasta ahora formuladas se desprende claramente como las prórrogas dispuestas por las normas censuradas no pueden encontrar más justificación en un cuadro normativo que, superado el largo período de emergencia, del cual era derivada la exigencia de la legislación excepcional vinculante, había conseguido después de varias décadas (con la Ley N° 392 de 1978) la materia en el régimen ordinario»[20]. Visto que se declaró nula una cláusula derogatoria, la *Corte*

---

ejerció hasta la elección, conforme a la Constitución italiana, de los miembros de la rama ejecutiva]

18   Para, casi inmediatamente, declarar su inconstitucionalidad parcial, al no prever indemnización al arrendatario en caso de no renovación del contrato agrario por la realización de transformaciones en la parcela, y declarar que tal indemnización deberá ser acordarla por los jueces de instancia en los casos en que proceda, tal y como sucede en los demás casos de terminación de la relación contractual y en aplicación del principio de equilibrio económico de los contratos. Al respecto, Javier Jiménez Campo comentó: «en el ordenamiento italiano, donde prevalecen tesis favorables a la *reviviscenza*, una muy citada y pintoresca sentencia de la Corte Constitucional, la 107/74, tras declarar la inconstitucionalidad de la ley cuestionada y la recuperación de su vigencia por la derogada, tuvo que proceder al enjuiciamiento y declaración de inconstitucionalidad de esta última». Cfr. Jiménez Campo, Javier. *La declaración de inconstitucionalidad de la ley, op. cit.*, p. 126. En el momento que escribió esto Jiménez Campo era razonable ver que en Italia se era favorable a la reviviscencia, pero, como veremos en casos más recientes, el criterio de la Corte Constitucional es todo menos pacífico. Para el momento en que fue dictada la SCC 107/1974, ciertamente, no se veía otra alternativa. De ello es prueba la opinión de A. Franco, pues si no la derogación sería una noción sin límites constitucionales. Cfr. FRANCO, A. *Considerazioni sulla dichiarazione di inconstituzionalità di disposizioni expresamente abrogatici.* /En/ Giurisprudenza costituzionale, II, 1974, Giuffrè, Milán, p. 3444 y s.

19   Las prórrogas declaradas inconstitucionales estaban contenidas en: (i) el artículo 2, primer apartado, de la Ley N° 377 de 25 de julio de 1984; (ii) el artículo 1, apartados 8 y 9, del Decreto ley N° 12 de 7 de febrero de 1985, convertido en la Ley N° 118 de 5 de abril de 1985; y (iii) el artículo 1, apartados 9 *bis*, 9 *ter*, 9 *quater* y 9 *quinquies* del referido Decreto ley N° 12 de 7 de febrero de 1985, convertido en la Ley N° 118 de 5 de abril de 1985.

20   Se trata de una traducción propia del texto siguiente: «*Da tutte le osservazioni ora formulate discende chiaramente come le prorogue disposte dalle norme censurate non possono più trovare giustificazione in un quadro normativo che, superato il lungo periodo di emergenza, dal quale era*

Costituzionale, con mención expresa de su criterio sostenido en la SCC 107/1974 de 23 de abril, revivió el texto normativo derogado y, en el FJ 11, manifestó lo siguiente: «Es probable que, en la aplicación de tal norma, puedan surgir casos de incerteza interpretativa, esencialmente derivadas de la vigencia temporal de la norma anulada. (…) La Corte no puede obviar ello, por su posición institucional, pero debe proveer la jurisprudencia ordinaria, como ya lo ha hecho recientemente en casos similares, salvo que el legislador se ocupe de adecuar en vía normativa el sistema vigente según la presente decisión»[21].

Luego de las dos sentencias precedentemente referidas, la posición de la Corte Constitucional italiana respecto de la reviviscencia de leyes inconstitucionalmente derogadas ha sido titubeante. Así, tenemos que: *(i)* en la SCC N° 310/1993 de 11 de junio[22], se afirmó que la reviviscencia «no es pacífica, y menos en el caso en el que la norma objeto de anulación por inconstitucionalidad sea exclusiva y expresamente derogatoria»; *(ii)* en la *Ordinanza* N° 306/2000 de 11 de julio[23], expresó que la reviviscencia de normas inconstitucionalmente derogadas es una «*controversa possibilità*». Finalmente, en la SCC 212/2003 de 4 de junio[24], aun cuando declaró la ilegitimidad constitucional parcial de

---

scaturita l'esigenza della legislazione eccezionale vincolistica, aveva riportato dopo vai decenni (con la l. N. 392 del 1978) la materia nel regime ordinario».

21   Traducción propia de «É probabile che, nell'aplicazione di tale norma, possano sorgere incertezze interpretative, essenzialmente derivanti dalla temporanea vigenza di quella attualmente annulata (...). A tutto ciò non può ovviare questa Corte, per la sua posizione istituzionale, ma deve provvedere la giurisprudenza ordinaria, come già ha fatto recentemente in casi simili, salvo che se ne occupi il legislatore per adeguare in via normativa il sistema vigente alla presente decisione».

22   ITALIA. Corte Constitucional. Sentencia N° 310/1993, de 11 de junio (caso: *legitimidad constitucional del Decreto Legislativo N° 299 de 13 de septiembre de 1991 –luego convertido en Ley N° 363 de 18 de noviembre de 1991- de disposiciones concernientes a la aplicación, en el año 1991, del impuesto comunal sobre el incremento de valor de los inmuebles)* [en línea] http://www.giurcost.org/decisioni/1993/0310s-93.html (última fecha de consulta: 24 de septiembre de 2023).

23   ITALIA. Corte Constitucional. Sentencia N° 306/2000, de 11 de julio (caso: *legitimidad constitucional del artículo 74 del Decreto Legislativo N° 29 de 3 de febrero de 1993 –sustituido por el artículo 38 del Decreto Legislativo N° 546 de 23 de diciembre de 1993- sobre racionalización de la organización de la administración pública y revisión de la disciplina en materia de empleo público conforme al artículo 2 de la Ley N° 421 de 23 de octubre de 1992)* [en línea] http://www.giurcost.org/decisioni/2000/0306o-00.html (última fecha de consulta: 24 de septiembre de 2023).

24   ITALIA. Corte Constitucional. Sentencia N° 212/2003, de 4 de junio (caso: *legitimidad constitucional del Decreto Legislativo N° 113 de 30 de mayo de 2002, texto único de las disposiciones legislativas en materia de costas judiciales;* y del Decreto del Presidente de la República N° 114 de 30 de mayo de 2002 –reproducido mediante Decreto del Presidente de la República N° 115 de misma fecha- texto único de las disposiciones reglamentarias en materia de costas judiciales) [en línea] http://www.giurcost.org/decisioni/2003/0212s-03.html (última fecha de consulta: 24 de septiembre de 2023).

un *Testo Unico* (especie análoga a los Textos Refundidos españoles), por extralimitación en una cuestión de estricta reserva legal (reglas de atribución de competencia en lo relativo a la conmutación de penas pecuniarias por penas privativas de libertad), la Corte no declaró la reviviscencia del texto legal inconstitucionalmente derogado[25], pudiendo hacerlo, y prefirió dejar el asunto a la aplicación de la justicia ordinaria[26].

III. El caso español: la STC 61/1997 de 29 de marzo

La «desconstitucionalización parcial»[27] del Estado autonómico español ha hecho imprescindible la participación del Tribunal Consti-

---

25 Se limitó a expresar, en el último párrafo de la parte motiva: «*Va conseguentemente dichiarata l'illegittimità costituzionale degli artt. 237, 238 e 299 (nella parte in cui abroga l'art. 660 cod. proc. pen.) del decreto legislativo 30 maggio 2002, n. 113, restando in tale pronuncia assorbita ogni altra censura*».

26 Aun cuando es conforme a los principios que rigen la justicia constitucional italiana no señalar, con efectos vinculantes, cómo han de aplicarse por parte de la justicia ordinaria los criterios de la *Corte Costituzionale*, quizás dicho órgano debió ser un poco más explícito, tomando en cuenta que la Corte ostenta la última palabra en materia constitucional. En la práctica, tanto los tribunales de justicia, como la doctrina, asumieron la reviviscencia de los respectivos artículos (182 y 660) del Código de Procedimiento Penal y, por tanto, el retorno de la competencia al *Magistrato di Sorveglianza* en dichos procedimientos de conmutación de penas pecuniarias por penas privativas de libertad. Cfr. TERRACINA, Claudia. *La nuova disciplina dell'esecuzione della pena pecuniaria (prima parte)*. [en línea] https://www.giustiziainsieme.it/it/riforma-cartabia-penale/2711-la-nuova-disciplina-dellesecuzione-della-pena-pecuniaria-prima-parte-di-claudia-terracina?hitcount=0 (última consulta: 24 de septiembre de 2023).

27 Aludo a la expresión empleada por Manuel Aragón Reyes, para calificar –positivamente- la forma territorial del Estado diseñada por el constituyente español de 1978. El prenombrado autor ha aseverado que, en 1978, ni se desconstitucionalizó totalmente dicho modelo territorial, ni se optó por una prolongación del proceso constituyente, sino que se desconstitucionalizó parcialmente y se prolongó el proceso de definición del Estado autonómico, «pero no como proceso constituyente, sino cuasi constituyente». Cfr. ARAGÓN REYES, Manuel. El Estado autonómico: ¿modelo indefinido o modelo inacabado? /En/ *Estudios de Derecho constitucional*. Madrid: CEPC, 1998, p. 411. Debe tenerse en cuenta que quien acuñó por vez primera el término «desconstitucionalización de la estructura del Estado» fue Pedro Cruz Villalón, en un célebre artículo publicado en 1981. Cfr. CRUZ VILLALÓN, Pedro. La estructura del Estado, o la curiosidad del jurista persa. /En/ *La curiosidad del jurista persa, y otros estudios sobre la Constitución (2ª Ed.)*. Madrid: CEPC, 2006, p. 383-384: «El persa ha llegado con esto al final de su lectura de la Constitución española vigente, tratando de darse una respuesta a la cuestión objeto de su curiosidad: ¿Qué estructura tiene el Estado en España? (...) [N]o puede llegar más que a una conclusión evidente e inevitable: que nuestra Constitución ha operado una *desconstitucionalización* de la estructura del Estado». En nuestra opinión, y utilizando una polémica expresión de García de Enterría [en *La Constitución como norma y el Tribunal Constitucional (4ª Ed.)*. Madrid: Thomson Civitas, 2006, p. 209-217] sobre el papel del Tribunal Constitucional, debido al estelar rol de dicho órgano en el proceso de configuración y evolución del Estado de las autonomías, bien podría calificarse a dicho proceso de «*paraconstituyente*», en referencia a

tucional en el desarrollo de ese *tertium datur* plasmado en el Título
VIII de la CE, ubicado entre alguna modalidad de Estado federal y
el Estado regional. Más allá de la valoración que se tenga sobre el
Título VIII, lo cierto es que su texto posee destacadas vaguedades y
ambigüedades lingüísticas –como todos los textos constitucionales–
que finalmente deben ser zanjadas por el máximo y último intérprete
constitucional[28].

Como es sabido, la operatividad conjunta de los distintos ordena-
mientos jurídicos (en especial, las relaciones entre el derecho estatal y
el derecho de las unidades en las que aquél se subdivide) suele ser una
cuestión problemática en los modelos territoriales federales o descen-
tralizados. En España, concretamente, el artículo 149.3 *in fine* de la
CE, donde se prevé que «[e]l derecho estatal será, en todo caso, supletorio del derecho de las Comunidades Autónomas», ha suscitado
una interesante polémica doctrinal y una interpretación vacilante del
Tribunal Constitucional. A continuación, de forma sucinta, expondremos parte del problema doctrinal y jurisprudencial presentado por el
artículo 149.3 *in fine* CE, para llegar a la STC 61/1997 de 29 de marzo,
mediante la cual el Tribunal Constitucional declaró inconstitucionales
más de doscientos artículos de legislación estatal supletoria en materia urbanística y, como consecuencia de dicho pronunciamiento, revivió la legislación urbanística preconstitucional, que, curiosamente,
fue dictada cuando ni siquiera estaban previstas normativamente las
Comunidades Autónomas.

En el campo doctrinal, tenemos a autores como DE OTTO[29], GARCÍA
DE ENTERRÍA y FERNÁNDEZ[30], quienes interpretan el artículo 149.3 *in fine*
CE –la supletoriedad del derecho estatal sobre el derecho autonómico–

---

la interpretación cuasi auténtica de la CE realizada por el Tribunal Constitucional, en vez
de «cuasi constituyente» (como lo sugiere ARAGÓN REYES).

28   Luis LÓPEZ GUERRA, magistrado del TC entre 1986 y 1995, señala que los razonamientos
del TC «han ido construyendo un cuerpo de doctrina coherente y sistemático, que ha
orientado a los cuerpos legislativos y a las administraciones en la construcción de un
Estado plural complejo, sólo genéricamente diseñado por la Constitución». Cfr. LÓPEZ
GUERRA, Luis. *Las sentencias básicas del Tribunal Constitucional (2ª Ed.)*. Madrid: CEPC;
Boletín Oficial del Estado, 2000, p. 26.

29   Cfr. DE OTTO, Ignacio. *Derecho constitucional. Sistema de fuentes (8ª Reimp. de la 2ª Ed.)*.
Barcelona: Ariel, 2001, p. 282-283: «A todo ello atiende la regla de supletoriedad, cuyo sig-
nificado es que la entrada en vigor de las normas que creen las Comunidades Autónomas
en uso de su competencia no conlleva la derogación de las normas estatales, que seguirán
siendo válidas pero sólo se podrán aplicar en defecto de normas autonómicas, esto es, en
territorios en que no se hayan dictado –por falta de competencia o por otra razón– o para
suplir las lagunas en los territorios autonómicos en que exista la competencia correspondiente y no se haya hecho uso de ella».

30   V. GARCÍA DE ENTERRÍA, Eduardo; FERNÁNDEZ, Tomás-Ramón. *Curso de Derecho
administrativo I (13ª Ed.)*. Madrid: Thomson Civitas, 2006, p. 354-356.

como una atribución al legislador estatal para proferir normas legales en cualesquiera materias, incluidas aquéllas donde las Comunidades Autónomas detenten competencias exclusivas, con la especificación de que en los casos donde se legisle en una materia objeto de competencia exclusiva de las Comunidades Autónomas, deberá especificarse el carácter supletorio de las normas correspondientes, las cuales perderán aplicabilidad en la Comunidad Autónoma que hubiere ejercido su potestad legislativa. Así, la supletoriedad habilitaría al Estado a suplir, con criterio de uniformidad en todo el territorio español, la falta de ejercicio de la potestad legislativa autonómica[31] en los asuntos de su competencia exclusiva, con la consecuente inaplicación –no derogación, ni anulación- de las normas estatales supletorias allí donde dicha potestad legislativa sí se hubiese ejercido. De opinión contraria ha sido Santiago Muñoz Machado[32], quien interpreta la supletoriedad del derecho estatal, no como una atribución de competencias generales al Estado, sino como expresión de la mayor extensión material del derecho estatal, el cual daría así unidad, sistematicidad y coherencia al derecho producido por las Comunidades Autónomas.

Por su parte, el Tribunal Constitucional ha tenido un criterio ambivalente sobre la interpretación del último inciso del artículo 149.3 de la CE[33]. Así, en los fundamentos jurídicos 23 y 28 de la STC 5/1981 de 13 de febrero, expresamente se acogía la exégesis defendida por De Otto, García de Enterría y Fernández. Luego, tenemos que en las sentencias 15/1989 de 26 de enero (FJ 1), 103/1989 de 8 de junio (FJ 4) y 79/1992 de 28 de mayo (FJ 3), se señalaba que la supletoriedad no comportaba «una cláusula universal atributiva de competencias sobre cualesquiera materias a favor del Estado»[34]. Entre los últimos dos fallos citados, vemos como en el FJ 30 de la STC 214/1989 de 21 de diciembre, se sostuvo que con la supletoriedad «no se produce desapoderamiento competencial alguno de las Comunidades Autónomas. Antes bien,

---

31   O, como en el caso de Ceuta y Melilla, la falta (a secas) de potestad legislativa.

32   V. MUÑOZ MACHADO, Santiago. *Tratado de Derecho administrativo y Derecho público general II*. Madrid: Iustel, 2006, p. 277-281.

33   Un análisis exhaustivo de las sentencias aquí mencionadas, así como de otros fallos no señalados, también relativos a la evolución de la interpretación del artículo 149.3, *in fine*, de la CE, ver: BIGLINO CAMPOS, Paloma. *La cláusula de supletoriedad. Una cuestión de perspectiva*. /En/ REDC N° 50. Madrid: CEPC, 1997, p. 29-59. GÓMEZ PUENTE, Marcos. *Supletoriedad del derecho estatal e inactividad del legislador autonómico*. /En/ REDA N° 98. Madrid, Civitas, (abril-junio de) 1998, p. 211 y s. LASAGABASTER HERRARTE, Iñaki. *La interpretación del principio de supletoriedad y su adecuación a los principios constitucionales rectores del Estado de las autonomías*. /En/ REDC N° 55. Madrid: CEPC, 1999, p. 43-76.

34   Tal criterio es diametralmente opuesto al sostenido en la STC 76/1983 de 5 de agosto, en cuyo FJ 4 leemos: «las Cortes Generales como titulares de la potestad legislativa del Estado pueden legislar, en principio, sobre cualquier materia sin poseer un título específico para ello».

con ello el Estado atiende a una exigencia fundamental, que no es otra
que la de prevenir un marco normativo general que venga a cubrir no
sólo las consecuencias resultantes de los diferentes niveles competen-
ciales existentes en la materia entre unas y otras comunidades, sino
también la simple inactividad normativa que transitoriamente, o no,
pueda producirse en aquellas Comunidades Autónomas con competencia para desarrollar las normas básicas estatales». Seguidamente,
en el FJ 10.a.5 de la STC 62/1990 de 30 de marzo, podemos leer que
la cláusula de supletoriedad tiene «la finalidad de evitar vacíos en el
sistema normativo de nuestro Estado autonómico», para luego arribar
a la STC 147/1991 de 4 de julio, en cuyo FJ 7, se aducía:

> «Lo expuesto conduce, en principio, a considerar viciadas de in-
> competencia y, por ello, nulas las normas que el Estado dicte con
> el único propósito de crear derecho supletorio del de las Comu-
> nidades Autónomas en materias que sean de la exclusiva compe-
> tencia de éstas, lo cual no es constitucionalmente legítimo cuando
> todos los Estatutos de Autonomía atribuyen a las Comunidades
> la competencia como exclusiva y en un mismo grado de homoge-
> neidad. Esto supone que en cada conflicto en el que una Comu-
> nidad reivindique su competencia frente a dicha clase de normas
> estatales tendría que examinarse si se trata de competencias que
> corresponden en exclusiva a todas las Comunidades Autónomas
> pues, si así no fuese, el Estado tendría competencia para dictarlas
> en relación con aquellas Comunidades que no hubieran adquiri-
> do tal exclusividad»[35].

---

35   Una crítica sensata a este criterio, aplicable como veremos a los casos de las sentencias
     118/1996 de 27 de junio, y 61/1997 de 29 de marzo, es que se habría convertido jurispru-
     dencialmente al artículo 149.3, *in fine*, de la CE en una norma transitoria, cuya pertenencia
     al ordenamiento cesaría una vez que las Comunidades Autónomas asumiesen sus com-
     petencias exclusivas mediante sus respectivos Estatutos de Autonomía. Muñoz Machado
     (*op. cit.*, p. 286) califica como «exagerada» tal crítica, y sostiene que la supletoriedad (o *su-
     plencia*, como también la denominan De Otto, García de Enterría y Fernández) mantiene
     su importancia, debido al carácter intersticial e incompleto del derecho autonómico frente
     al derecho estatal. En cualquier caso, el hecho de que el TC haya pasado a considerar -des-
     de 1991- «nulas» las normas supletorias estatales en materias exclusivas reservadas a las
     Comunidades Autónomas, si todas éstas ya han asumido dichas competencias, no es del
     todo congruente y otorga una impropia dimensión temporal a la validez (entendida como
     conformidad con la CE) de las normas estatales supletorias, que sólo sería predicable de
     su aplicabilidad (tal y como se hacía desde la STC 5/1981, y muy relevantemente en el FJ
     5 la STC 85/1983 de 23 de octubre, donde claramente se indicaba que la *aplicabilidad* –y
     no la validez- de las normas estatales supletorias cesaría allí donde se hubiese asumido la
     competencia exclusiva autonómica). Otro asunto que nos parece carente de justificación
     constitucional es el condicionamiento de la «nulidad» (que, en verdad, debería ser sólo
     anulabilidad) a que «todas» las Comunidades Autónomas hayan asumido sus competen-
     cias exclusivas con un mismo grado de «homogeneidad». En todo caso si, como asume el
     Tribunal Constitucional, la (falta de) competencia determina la (in)validez de las normas

Luego del fallo parcialmente transcrito, el Tribunal Constitucional asumió una posición drásticamente opuesta a la de sus primeros fallos en la materia, lo cual se evidencia en la STC 118/1996 de 27 de junio[36], en cuyo FJ 8 se expresó que «[l]a cláusula de supletoriedad no permite que el Derecho estatal colme, sin más, la falta de regulación autonómica en una materia. El presupuesto de aplicación de la supletoriedad que la Constitución establece no es la ausencia de regulación, sino la presencia de una laguna detectada como tal por el aplicador del derecho». Y, en el FJ 4 de tal decisión, se reconoció la razón de la interpretación previamente sostenida por el Tribunal Constitucional: «La necesidad de garantizar la plenitud del ordenamiento, dado que el ejercicio pleno de las distintas competencias es un proceso que, ineluctablemente, se prolonga en el tiempo, determinó, como veremos inmediatamente, un entendimiento de la supletoriedad condicionado por la situación embrionaria del Estado de las Autonomías».

La radicalidad del criterio asumido por el Tribunal Constitucional –negando cualquier potestad normativa al Estado en aplicación del artículo 149.3, *in fine*, de la CE- llegó a su punto más álgido en la STC 61/1997 de 29 de marzo, en cuyo FJ 12 d) se afirmó, textualmente, cuanto sigue:

> «Si, como hemos señalado, la cláusula de supletoriedad no es una fuente atributiva, en positivo, de competencias estatales, ni aun con carácter supletorio, tampoco puede serlo en negativo; es decir, tampoco puede ser un título que le permita al Estado derogar el que era su propio Derecho, en este caso sobre urbanismo, pero que ya ha dejado de serlo o, más exactamente, que ya no se encuentra a su disposición, ya sea para alterarlo (aun con eficacia supletoria) o para derogarlo. De otro modo, si el legislador estatal suprimiese, mediante su derogación, el derecho sobre una materia cuya competencia ya no es suya, sino de las Comunidades Autónomas, vendría a quebrantar una de las finalidades básicas de la cláusula de supletoriedad, cual es la de que, con la constitución de los órganos de poder de las Comunidades Autónomas, y su correspondiente asunción de competencias normativas, no se origine un vacío parcial del ordenamiento, permitiendo y prescribiendo, con este propósito, la aplicación supletoria, potencialmente indefinida, del ordenamiento estatal
>
> (…)

---

producidas, no entendemos porqué podría quedar resquicio de validez para normas estatales dictadas en materias exclusivas autonómicas.

36   Un examen pormenorizado de las implicaciones de la STC 118/1996 sobre el principio de supletoriedad, ver: BARNÉS, Javier. *Una reflexión sobre la cláusula de supletoriedad del artículo 149.3 CE a propósito de la STC 118/1996*. /En/ REDA N° 93. Madrid, Civitas, (enero-marzo de) 1997, p. 83 y s.

La consecuencia de todo ello, a nuestros efectos, no es sino la de que, una vez declarada la ilegitimidad de la legislación supletoria sobre urbanismo llevada a cabo por el Estado con apoyo en una comprensión errada de la supletoriedad, debamos, al mismo tiempo, declarar nula y sin efecto la simultánea derogación expresa de la legislación urbanística previa a la constitución de los órganos de poder de todas las Comunidades Autónomas llevada a cabo por el legislador estatal. De no hacerlo así, es decir, si nos limitásemos a la declaración de nulidad del citado apartado tercero de la Disposición final única, vendríamos a ocasionar, por obra de nuestra propia Sentencia, un resultado contrario al señalado sentido de la cláusula de supletoriedad establecida en el inciso tercero del art. 149.3 C.E.».

Resumidamente, lo que hizo el Tribunal Constitucional, conforme a los criterios antes transcritos sobre la supletoriedad del derecho estatal respecto del autonómico, fue declarar la nulidad de más de doscientos artículos del Texto Refundido de la Ley sobre el Régimen del Suelo y Ordenación Urbana, de 1992, por tratarse de disposiciones referidas al urbanismo (competencia exclusiva de las Comunidades Autónomas) y, con la intención de colmar el vacío normativo creado, pero sobre todo, a nuestro juicio, para hacer llegar su más reciente doctrina sobre la supletoriedad hasta sus últimas consecuencias, declaró la reviviscencia de la Ley del Suelo, Texto Refundido de 1976; vale decir, una ley preconstitucional[37].

---

37   Hemos encontrado comentarios bastante críticos de este fallo, no sólo por la comprensión del artículo 149.3, *in fine*, CE, sino también por la reviviscencia de una ley preconstitucional y por el golpe de muerte que ello significó para el Derecho urbanístico español: GARCÍA DE ENTERRÍA, Eduardo. *Una reflexión sobre la supletoriedad del derecho del estado respecto del de las Comunidades Autónomas (Sentencias constitucionales 118/1996, de 27 de junio, y 61/1997, de 20 de marzo).* /En/ REDA N° 95. Madrid, Civitas, (julio-septiembre de) 1997, p. 407 y s. FERNÁNDEZ, Tomás-Ramón. *El desconcertante presente y el imprevisible y preocupante futuro del Derecho urbanístico español.* /En/ REDA N° 94. Madrid, Civitas, (abril-junio de) 1997, p. 189 y s. CARBONELL PORRAS, Eloísa. *La supletoriedad del derecho estatal en la reciente jurisprudencia constitucional.* /En/ RAP N° 143. Madrid: CEPC, (mayo-agosto de) 1997, p. 189-209. PAÍS RODRÍGUEZ, Ramón. *La sentencia del Tribunal Constitucional 61/1997, de 20 de marzo, y el efecto derogatorio de la Ley 8/1990.* /En/ REDA N° 98. Madrid, Civitas, (abril-junio de) 1998, p. 281 y s. Incluso, para Santiago MUÑOZ MACHADO (*op. cit.*, p. 288) –quien, congruente con su temprana doctrina en la materia, defiende los fundamentos del fallo- la sentencia «ha incorporado algunas afirmaciones imposibles de aceptar», especialmente en cuanto a la imposibilidad del legislador estatal de modificar o derogar su propio derecho. Aun con la intención de no extendernos más sobre la cuestión de fondo debatida, pues ya bastante nos ha desviado de nuestro objeto principal, no puedo dejar de aludir a una pregunta, muy irónica, presente en el artículo citado de Tomás-Ramón FERNÁNDEZ: «¿Dónde dice la Constitución que sólo el Derecho estatal *preconstitucional* tiene valor supletorio del Derecho particular de las Comunidades Autónomas?». Ciertamente, es una contradicción en los términos revivir un texto estatal preconstitucional, con la denodada intención de salvaguardar una competencia exclusiva de las Comunidades Autónomas, supuestamente vulnerada por una ley sancionada por el legislador democrático estatal.

QUINTA PARTE:

Los casos de reviviscencia de leyes en Venezuela

A continuación expondremos los casos de la Sala Constitucional (SC), en los cuales se revivieron leyes, o actos con rango de leyes, en el marco de procedimientos de control de constitucionalidad. Son tres en total: el primero, en materia de seguros y reaseguros; el segundo, en materia de tribunales, competencias y procedimientos contencioso-administrativos; y el tercero (el más importante), sobre seguridad social, especialmente en materia de paro forzoso y capacitación laboral. Se añade la reseña de un cuarto caso, el de la reviviscencia de una ley de propiedad industrial de vieja data, por vía de declaración del Servicio Autónomo de Propiedad Intelectual (SAPI), por el interés que tiene en materia de integración política y económica, y para plantear el supuesto de la separación de un país de un marco de integración regional, y la posibilidad de que se declare la reviviscencia de leyes nacionales derogadas por derecho originario o derivado de dicho marco. Entonces, los tres primeros casos –y, muy especialmente, el tercero- constituyen el objeto central de la investigación.

Como cuestión preliminar, con el fin de brindar luces sobre cómo funciona la jurisdicción constitucional venezolana[1], debemos aclarar lo siguiente:

- En Venezuela, existe una acción judicial destinada a impugnar, por motivos de inconstitucionalidad, las leyes nacionales, estadales y municipales, sea total o parcialmente. Similar acción existe contra las omisiones legislativas.

---

1   Sobre el tema, ver entre otros: AYALA CORAO, Carlos M. *La justicia constitucional en Venezuela.* /En/ AIJC N° 1. Madrid: CEPC, 1997, p. 379-408. BREWER-CARÍAS, Allan R. *El sistema de justicia constitucional en la constitución de 1999 (comentarios sobre su desarrollo jurisprudencial y su explicación, a veces errada en la exposición de motivos).* Caracas: EJV, 2000, 134 p. CANOVA GONZÁLEZ, Antonio. *La "supersala" (constitucional) del Tribunal Supremo de Justicia.* /En/ Revista de Derecho Constitucional N° 3. Caracas: Sherwood, julio-diciembre de 2000. PÉREZ TREMPS, Pablo. La defensa de la constitución en Venezuela. / En/ VICIANO PASTOR, Roberto; SALAMANCA, Luis. *El sistema político en la constitución bolivariana de Venezuela.* Valencia: Tirant lo Blanch, 2006, p. 835-847.

- Prácticamente, no existen limitaciones relacionadas con la legitimación para incoar dichas peticiones, pues las mismas están concebidas como acciones populares, donde sólo se requiere de un interés simple para actuar, esto es, basta el mero interés del accionante en defender la constitucionalidad, para que se le reconozca cualidad para actuar. No obstante lo anterior, sucede en la práctica que son los afectados por una determinada ley quienes solicitan su declaratoria de inconstitucionalidad, o quienes tienen particular interés en que el parlamento desarrolle el programa legislativo impuesto por la constitución, quienes acuden a solicitar la declaratoria de inconstitucionalidad de la omisión legislativa.

- Tales declaratorias tienen efectos *erga omnes*, y las mismas pueden ser *ex nunc* o *ex tunc*, según se declare en el fallo, pues el órgano jurisdiccional tiene la competencia para fijarlos en ambos sentidos. Debe acotarse, igualmente, que, por razones de seguridad jurídica, en la mayoría de los fallos que declaran la inconstitucionalidad de alguna ley formal, ley estadal u ordenanza municipal, sus efectos son fijados hacia el futuro.

- Bajo la vigencia de la Constitución de la República de Venezuela, del 23 de enero de 1961, la competencia para conocer y decidir la acción de inconstitucionalidad estaba atribuida a la Corte Suprema de Justicia en Pleno. En la actualidad, la Constitución de la República Bolivariana de Venezuela y la Ley Orgánica del Tribunal Supremo de Justicia otorgan tal competencia a la SC, la cual, en el ordenamiento jurídico venezolano viene a ser quien ejerce la jurisdicción constitucional[2].

- El procedimiento, *grosso modo*, es el siguiente:

  (*i*) Se inicia a petición de parte y por escrito;

  (*ii*) El peticionante, luego de admitida preliminarmente la solicitud, debe retirar un cartel del Tribunal, publicarlo en alguno de los diarios de mayor circulación nacional, estadal o municipal, según el acto impugnado del que se trate, con el objeto de que los interesados concurran a presentar sus alegatos, y solicitar su inclusión en el proceso, bien sea como partes o como terceros, antes de la realización del acto de informes;

---

2   Tal diseño constitucional, el cual coincide con el de países como Costa Rica, no pocas veces ha sido criticado, pues en verdad, dadas las atribuciones que posee, entre las cuales está la de revisar discrecionalmente las decisiones de las demás Salas del Tribunal Supremo de Justicia si las mismas incurren en una interpretación inapropiada de la Carta Magna, la Sala Constitucional opera como un verdadero Tribunal Constitucional, mas atado a la estructura organizativa del Tribunal Supremo de Justicia, lo cual en vez de aminorar las naturales tensiones que se producen entre los Tribunales Constitucionales y los Tribunales Supremos, las acrecientan.

(iii) Asimismo, el Tribunal debe notificar al Presidente de la Asamblea Nacional, de la Asamblea Legislativa del Estado, o del Consejo Municipal, respectivamente, así como al Procurador General de la República, al Fiscal General de la República y al Defensor del Pueblo, si en el caso estuviere comprometido algún derecho constitucional. Tales funcionarios son notificados mediante oficios, a los cuales se acompaña copia del escrito libelar, así como del auto de admisión, y a los mismos se les permite consignar sus opiniones por escrito. Igualmente, dichas autoridades podrán presentar sus observaciones a los informes.

(iv) A solicitud de parte, la causa podrá declararse de mero derecho, cuando sea innecesaria la apertura de lapsos probatorios. La declaratoria de mero derecho se tramita mediante un cuaderno separado.

(v) Accesoriamente, a la pretensión principal pueden acumularse pretensiones cautelares, normalmente con el propósito de suspender la eficacia de las disposiciones impugnadas, comprobadas las lesiones que la aplicación de las mismas podrían producir mientras se tramita el procedimiento. Tal solicitud también se responde en cuaderno separado.

(vi) El acto de informes constituye la última actuación procesal de las partes y los terceros. Luego de presentados tales informes, en forma oral o escrita (según dictamine previamente el Tribunal) y de sus respectivas observaciones, comienzan las dos etapas de la relación, en las cuales la Sala efectúa el análisis del caso y procede a dictar sentencia, declarando con o sin lugar la nulidad requerida y fijando los efectos temporales del fallo.

Habiendo dicho lo anterior, pasamos a mostrar los casos de reviviscencia en Venezuela.

I. LA REVIVISCENCIA DE LA LEY DE EMPRESAS DE SEGUROS Y REASEGUROS

En un caso en el que los apoderados judiciales de una empresa de seguros solicitaron la nulidad por inconstitucionalidad del Decreto N° 1.545, por el cual se dictó la Ley de Empresas de Seguros y Reaseguros[3], la SC, a petición de la empresa solicitante, acordó la sus-

---

3   GO N° 5.553 Extraordinario, de 12 de noviembre de 2001; reimpresa nuevamente «por error material» en la GO N° 5.561 Extraordinario, de 28 de noviembre de 2001.

pensión cautelar –durante la tramitación del procedimiento- de dicho instrumento legal[4].

Luego de la medida cautelar otorgada, un tercero coadyuvante solicitó a la SC una ampliación y una aclaratoria del fallo, pues «en efecto, dicha sentencia, a pesar de haber declarado que la suspensión decretada por ella se aplicaría a todo el mundo ('erga omnes') no ordenó la publicación de la misma en la Gaceta Oficial de la República, ni tampoco señaló a partir de qué fecha sufriría efectos tal suspensión. Adicionalmente debe aclararse y o precisarse, cuál ley regirá la actividad aseguradora a partir del momento en que la suspensión de efectos entre en vigencia. Las precisiones y o aclaratorias solicitadas son de carácter urgente, pues en estos momentos existe una confusión que afecta al sector asegurador y trasciende hacia la colectividad».

A la anterior solicitud de ampliación y aclaratoria, la SC respondió lo siguiente:

«No debe plantearse duda alguna en relación con la legislación aplicable, debido a la suspensión del Decreto Legislativo referido, ya que, como quiera que fueron suspendidos íntegramente los efectos de dicho Decreto, tal suspensión incluye, naturalmente, la disposición derogatoria única inserta en su texto; por tanto, es evidente que la legislación aplicable será aquella contenida en la Ley de Empresas de Seguros y Reaseguros publicada en la Gaceta Oficial de la República de Venezuela No. 4.882, Extraordinario del 23 de diciembre de 1994, reimpresa por error de trascripción en la Gaceta Oficial No. 4.865 Extraordinario del 8 de marzo de 1995, que el Decreto derogaba. De manera que, es falso, como sostiene el solicitante de la presente aclaratoria, que con la suspensión decretada por esta Sala se haya producido *un caos jurídico* o un *auténtico vacío legal*. Sin embargo, esta Sala a los fines de asegurar la vigencia del principio de seguridad jurídica que debe informar el ordenamiento jurídico, con la finalidad de excluir la presunción de existencia de un *horror vacui*, estima necesario dejar establecido de manera inequívoca la suspensión igualmente de la disposición derogatoria contenida en el descrito Decreto Legislativo cuyos efectos fueran suspendidos. Así se decide[5]».

---

4   VENEZUELA. Tribunal Supremo de Justicia. Sentencia N° 1911/2002, de 13 de agosto, de la Sala Constitucional (caso: *C.A. Seguros Guayana –admisión y suspensión de efectos-*) [en línea] http://historico.tsj.gob.ve/decisiones/scon/agosto/1911-130802-02-1158%20. HTM (última fecha de consulta: 24 de septiembre de 2023).

5   VENEZUELA. Tribunal Supremo de Justicia. Sentencia N° 2331/2002, de 2 de octubre, de la Sala Constitucional (caso: *Henry Pereira Gorrín –ampliación y aclaratoria del fallo 1911/2002, de 13 de agosto-*) [en línea] http://historico.tsj.gob.ve/decisiones/scon/octubre/2331-021002-02-1158%20.HTM (última fecha de consulta: 24 de septiembre de 2023).

El elemento central de la crítica a la sentencia parcialmente citada, a nuestro juicio, es el hecho de que la SC haya aseverado que la reviviscencia es automática cuando se suspenden cautelarmente los efectos de una ley. Adicionalmente, hay un argumento auxiliar en dicho razonamiento, conforme al cual, cuando se suspende una ley también se suspende la cláusula derogatoria presente en ella, y ello trae como consecuencia indefectible la reviviscencia de la ley anterior. Frente a ello cabe señalar categóricamente que el derecho positivo venezolano no prevé tal consecuencia, y que, como ya hemos visto, la doctrina es normalmente contraria a la reviviscencia como un asunto «lógico» o «automático» y es más proclive a aceptar que se trata de un último recurso frente a vacíos normativos indeseables.

La decisión tomada por la SC en este caso encubrió el elemento discrecional que hay en la reviviscencia jurisprudencial de leyes, y no motivó suficientemente porqué era necesario revivir la Ley de Empresas de Seguros y Reaseguros vigente entre 1994 y 2001. Preferible es, sin duda, en estos casos de discreción judicial fuerte, una exposición de las razones –incluso aquéllas de orden técnico, político y económico- que hacen plausible la reviviscencia de un texto expresamente derogado.

En comparación con los fallos italianos y españoles analizados, vemos que: *(i)* jamás se cuestionó la constitucionalidad de la derogación de la Ley de Empresas de Seguros y Reaseguros de 1994; *(ii)* en ningún momento se cuestionó la competencia del autor del Decreto Ley de Empresas de Seguros y Reaseguros de 2001, esto es, del Presidente de la República, así como tampoco se achacaron vicios procedimentales en la producción de dicho Decreto Ley; *(iii)* se revivió un texto normativo preconstitucional, pero de más reciente data que, por ejemplo, lo hecho por el TC respecto de la Ley del Suelo, Texto Refundido de 1976; y *(iv)* la reviviscencia se produjo mediante una medida cautelar, lo cual no es muy heterodoxo, visto el carácter reversible –o no definitivo- de dicho tipo de medidas.

II. La reviviscencia parcial de la Ley Orgánica de la Corte Suprema de Justicia

Entre 1976 y 2004, gracias a unas concisas disposiciones transitorias contenidas en la Ley Orgánica de la Corte Suprema de Justicia, se desarrolló en Venezuela la jurisdicción contencioso-administrativa. Tanto la Constitución de la República de Venezuela, de 23 de enero de 1961, como la Constitución de la República Bolivariana de Venezuela, de 15 de diciembre de 1999, tan sólo prevén que dicha jurisdicción estará constituida por la Sala Político Administrativa del Supremo Tribunal «y por los demás tribunales que determine la ley». Conforme a las aludidas disposiciones transitorias, se configuró un sistema de Juzgados Contencioso Administrativos repartidos en el país por «regiones»[6], y se crearon dos Cortes de lo Contencioso Administrativo, en Caracas, para conocer en alzada de los fallos de dichos Juzgados[7].

Ahora bien, una Asamblea Nacional un tanto descuidada derogó la Ley Orgánica de la Corte Suprema de Justicia (incluidas sus disposiciones transitorias), por medio de la Ley Orgánica del Tribunal Supremo de Justicia, y surgió un vacío normativo en lo concerniente a las competencias y procedimientos de los tribunales contencioso-administrativos.

La solución de la SC fue revivir parcialmente la Ley Orgánica de la Corte Suprema de Justicia, sin jamás admitirlo del todo[8]. Para una muestra, veamos el argumento central de la sentencia de la SC N° 1031 de 27 de mayo de 2005 (caso: *Procuradora del Estado Anzoátegui*):

> «Este argumento obliga a la Sala a proponer, mientras se resuelve legislativamente el vacío a que se ha hecho referencia, una fórmula que posibilite cierta seguridad jurídica en este campo de la función jurisdiccional: se trata de aplicar unas normas similares a las que preveía la derogada Ley Orgánica de la Corte Suprema de Justicia respecto a los tribunales contencioso administrativos generales y a sus competencias (que iban desde el artículo 180 al 186 de dicha Ley), a las cuales se les daría el sentido que la doctrina jurisprudencial les atribuyó durante su vigencia.
>
> No se trata, y en ello hay que poner énfasis, de una reviviscencia de los preceptos en que dichas normas venían prefiguradas; se trata de aplicar alguna normativa, la más adecuada y la menos engorrosa posible, y siendo, pues, que en buena parte los tribunales contencioso administrativos han operado bajo esta estructura y han ejercido las competencias allí señaladas, resulta aconsejable, para evitar confusiones y distorsiones innecesarias, aplicar dichas normas tanto para conocer cuáles son los tribunales competentes en materia contencioso administrativa general, como los competentes para conocer de conflictos en que esté involucrada la Administración Pública (sea cual sea la extensión que se le dé

---

6   Cada región agrupaba a varios Estados del país.

7   En ocasiones, el conocimiento en primera instancia de ciertas controversias correspondía, en primera instancia, a las Cortes de lo Contencioso Administrativo, siendo su alzada la Sala Político Administrativa de la Corte Suprema (luego, Tribunal Supremo) de Justicia. Asimismo, contra los actos administrativos de ciertos Altos Funcionarios, corresponde conocer, en única instancia, a dicha Sala.

8   Tal reviviscencia tuvo efectos hasta la promulgación y publicación de la Ley Orgánica de la Jurisdicción Contencioso Administrativa (GO N° de de junio de 2010), que contiene toda una nueva regulación en la materia.

a esta expresión) en materia de amparo constitucional. En estos casos se observará la numeración que traía la Ley derogada a los meros efectos comunicativos»[9].

Ninguna duda cabe de que la SC efectuó una reviviscencia, pero, nuevamente, resulta censurable la falta de sinceridad expositiva, el encubrimiento de la situación, y la falta de motivación responsable, más aún cuando se trata de una materia tan sensible, como lo es las competencias y procedimientos de los órganos jurisdiccionales.

En comparación con la jurisprudencia constitucional italiana y española, tenemos que: *(i)* no se cuestionó la constitucionalidad de la derogación de la Ley Orgánica de la Corte Suprema de Justicia; *(ii)* tampoco se cuestionó la competencia de la Asamblea Nacional, o el procedimiento seguido por ésta; *(iii)* se revivió parcialmente un texto normativo preconstitucional, de vieja data (1976), pero que en la práctica había continuado sido aplicado por los tribunales[10].

III. LA REVIVISCENCIA DEL DECRETO CON FUERZA Y RANGO DE LEY QUE REGULA EL SUBSISTEMA DE PARO FORZOSO Y CAPACITACIÓN LABORAL[11].

1. LA DEROGACIÓN EXPRESA DEL PARO FORZOSO.

El 30 de diciembre de 2002 entró en vigencia la LOSSS[12], nueva ley marco sobre la materia[13], prevista en el artículo 86 de la CRBV. Dicha

---

9 VENEZUELA. Tribunal Supremo de Justicia. Sentencia N° 1031/2005, de 27 de mayo, de la Sala Constitucional (caso: *Procuradora del Estado Anzoátegui*) [en línea] http://historico.tsj.gob.ve/decisiones/scon/mayo/1031-270505-04-0144.HTM (última fecha de consulta: 24 de septiembre de 2023).

10 Ello era obvio en cierta manera, pues sin las disposiciones transitorias revividas, simple y llanamente los tribunales contencioso-administrativos, o por lo menos los Juzgados Superiores y las Cortes de lo Contencioso Administrativo, hubiesen cesado de existir normativamente.

11 Como único anexo, al final, incluimos dos gráficos de elaboración propia sobre lo que relataremos en las próximas páginas acerca de la derogación, *ultra actividad* (o, en verdad, reviviscencia) y cese definitivo de vigencia de dicho Decreto Ley.

12 Publicada en GO N° 37.600 de 30 de diciembre de 2002. Importante es aclarar que dicha ley (artículo 149) previó su entrada en vigencia para el momento de su publicación.

13 La Constitución venezolana, en su artículo 203, textualmente dispone que «son leyes orgánicas las que así denomina esta Constitución; las que se dicten para organizar los poderes públicos o para desarrollar los derechos constitucionales y las que sirvan de marco normativo a otras leyes». La ley en referencia tiene carácter orgánico por una triple condición: *(i)* es así definida en la parte *in fine* del artículo 86 constitucional; *(ii)* desarrolla el derecho constitucional a la seguridad social, establecido en el mismo artículo 86 de la Constitución; y *(iii)* sirve de marco para las demás leyes que desarrollan contenidos específicos de los distintos subsistemas de la seguridad social (pensiones, salud, vivienda,

ley derogó expresamente el instrumento normativo que disciplinaba el subsidio por desempleo, o *paro forzoso*[14] y, a diferencia de lo sucedido con otros subsistemas, tal derogatoria expresa no fue condicionada, ni sometida a un régimen de transición, con lo cual se creó un vacío normativo en la materia.

Frente a tal situación se plantearon problemas jurídicos de relevancia, de los cuales resaltamos los más importantes. En primer lugar, el artículo 86 constitucional consagra el derecho a la seguridad social, cuyo contenido incluye la protección frente a las contingencias de pérdida del empleo (cesantía) y desempleo. En segundo lugar, la misma LOSSS, aun cuando derogó el preconstitucional subsistema de paro forzoso, definió, en su Título III, Capítulo IV (artículos 81 al 93), el Régimen Prestacional de Empleo, cuyas condiciones, términos, cobertura y demás requisitos para la prestación de los servicios vendrían a ser desarrollados por una ley específica[15]. En tercer lugar, surgió el problema de la financiación y administración del subsidio por desempleo, pues, por una parte, los patronos en conocimiento de la derogatoria se rehusaron a realizar las retenciones correspondientes a los trabajadores, así como también a efectuar los aportes que les correspondían conforme a la ley derogada; y por la otra parte, el IVSS insistía, con base en normas constitucionales, la LOSSS y el reglamento de la ley derogada, en liquidar y cobrar los aportes correspondientes al paro forzoso, incluso amenazando a los patronos que no cumplieran con dicha retenciones y aportes con retirar a sus trabajadores de la seguridad social[16].

Del último problema en cuestión fue como el presente tema llamó nuestra atención, pues, en 2003, los representantes judiciales de algunas personas jurídicas iniciaron, ante tribunales superiores con competencia en lo contencioso-tributario, procedimientos de amparo constitucional contra el IVSS, por lo que consideraban la liquidación y el cobro de una contribución especial, esto es, un tributo, en menosca-

---

subsidio por desempleo, entre otros). El carácter de ley marco de la LOSSS fue reconocido, además, en la sentencia N° 91 de 2 de marzo de 2005 (caso: *PROVEA*) de la SC.

14   «Artículo 138. Se deroga el Decreto con Fuerza y Rango de Ley que regula el Subsistema de Paro Forzoso y Capacitación Laboral, publicado en Gaceta Oficial de la República de Venezuela N° 5.392, extraordinario, de fecha 22 de octubre de 1999».

15   Dicha ley fue dictada casi tres años después. Cfr. GO N° 38.281 de 27 de septiembre de 2005.

16   Así lo denunciaron los apoderados judiciales de Seguros Altamira, C.A., el 1 de agosto de 2003, ante el Juzgado Superior Primero (Distribuidor) de lo Contencioso Tributario de la Circunscripción Judicial del Área Metropolitana de Caracas. Cfr. VENEZUELA. Tribunal Supremo de Justicia. Sentencia N° 124/2007, de 31 de enero, de la Sala Constitucional (caso: *Seguros Altamira, C.A.*) [en línea] http://historico.tsj.gob.ve/decisiones/scon/enero/124-310107-04-0762.HTM (última fecha de consulta: 24 de septiembre de 2023).

bo del principio constitucional de legalidad tributaria y de su derecho a la propiedad privada. Dichos órganos jurisdiccionales, en todos los casos que están a nuestra disposición, declararon con lugar tales pretensiones de tutela constitucional y le ordenaron al IVSS abstenerse de liquidar y cobrar planillas por concepto de paro forzoso, en razón de la derogatoria expresa del instrumento normativo que habilitaba dichas actuaciones. En virtud del régimen competencial en materia de amparo constitucional, establecido jurisprudencialmente por la SC, tocó a ésta -última y máxima intérprete de la CRBV- conocer de la cuestión en segunda instancia[17]. Adicionalmente, dos meses antes del recibo de los expedientes de primera instancia, la SC estuvo en conocimiento del asunto pues PROVEA, una conocida organización no gubernamental venezolana, solicitó a la Sala declarar la inconstitucionalidad de la omisión en la que presuntamente habría incurrido la Asamblea Nacional al no prever en la LOSSS un régimen transitorio para los porcentajes correspondientes a las cotizaciones de patronos y trabajadores por concepto de contribución especial al Régimen Prestacional de Empleo, hasta tanto se dictase la ley especial de dicho subsistema.

La SC, en sus sentencias dictadas entre marzo y diciembre de 2004 como segunda instancia en materia de amparo constitucional, sostuvo de modo inequívoco que la derogación expresa del LSPFCL implicaba que, desde el 30 de diciembre de 2002, la liquidación y el cobro de las contribuciones especiales contenidas en la ley derogada por parte del IVSS no contaban con la debida cobertura constitucional, por resultar contrarios al principio de legalidad tributaria y al derecho a la propiedad privada.

El 2 de marzo de 2005, la SC, en la decisión sobre el fondo del planteamiento de inconstitucionalidad por omisión hecho por PROVEA, aun cuando en su parte motiva reiteró que la contribución de paro

---

17   El artículo 35 de la LOADGC establece lo siguiente: «Contra la decisión dictada en primera instancia sobre la solicitud de amparo se oirá apelación en un solo efecto. Si transcurridos tres (3) días de dictado el fallo, las partes, el Ministerio Público o los procuradores no interpusieren apelación, el fallo será consultado con el Tribunal Superior respectivo, al cual se le remitirá inmediatamente copia certificada de lo conducente. Este Tribunal decidirá dentro de un lapso no mayor de treinta (30) días». Por ende, conforme al texto transcrito, la segunda instancia del proceso de amparo constitucional puede ser bien en apelación o en consulta. En su primera decisión (N° 1 de 20 de enero de 2000, caso: *Emery Mata Millán*), la Sala estableció su competencia exclusiva para conocer las apelaciones y consultas de las sentencias de amparo dictadas en primera instancia por los juzgados y tribunales superiores. Posteriormente, mediante la sentencia N° 1307 de 22 de junio de 2005 (caso: *Ana Mercedes Bermúdez*), la Sala declaró, con argumentos bastante discutibles, la «derogatoria tácita», esto es, la supresión de la consulta prevista en el artículo 35 de la LOADGC. En todo caso, las sentencias que mostramos más adelantes fueron dictadas por la Sala en apelación y en consulta. En la mayor parte de los casos, el IVSS apeló fallos de los Tribunales Superiores en lo Contencioso Tributario.

forzoso fue eliminada del ordenamiento jurídico venezolano, por medio de algunos razonamientos que luego analizaremos, emplazó a la Asamblea Nacional para que dictase la LRPE y, lo más llamativo, dictó de oficio una medida cautelar innominada a través de la cual suspendió los efectos del artículo 138 de la LOSSS (esto es, la cláusula derogatoria expresa del paro forzoso) así como también declaró la *ultra actividad* del LSPFCL, hasta tanto el parlamento pusiese fin a la situación de mora legislativa. Ello hizo que, en las subsiguientes sentencias proferidas como tribunal de segunda instancia en materia de amparo constitucional (dictadas entre el 31 de marzo de 2005 y el 31 de enero de 2007), se afirmase la vuelta en vigencia del paro forzoso desde el 2 de marzo de 2005, aun cuando se reconociese la inconstitucionalidad de las liquidaciones y cobros hechos entre el 30 de diciembre de 2002 y el 2 de marzo de 2005.

2. Los fallos de la Sala Constitucional

A continuación presentamos una sinopsis, así como una clasificación, de las decisiones donde se abordó el problema de la derogación del paro forzoso:

2.1. *Los fallos iniciales en materia de amparo constitucional*

La primera decisión de la SC que se pronunció sobre los amparos constitucionales ejercidos fue la N° 446 de 24 de marzo de 2004 (caso: *Otepi Consultores, S.A.*)[18], en cuya parte motiva se juzgó correcta la apreciación del *a quo*, el Tribunal Superior Quinto de lo Contencioso Tributario de la Circunscripción Judicial del Área Metropolitana de Caracas, de considerar contrarios al principio de legalidad tributaria y al derecho a la propiedad privada la liquidación y el cobro del paro forzoso, vista su derogatoria expresa. Para hacer más claro su criterio, la Sala, textualmente, expresó lo siguiente:

> «[E]l cobro de dicha contribución, con posterioridad al 30 de diciembre de 2002, y hasta que sea dictada una nueva normativa con rango de ley que así los disponga, ha de reputarse inconstitucional, en virtud del principio de legalidad tributaria, reconocido por los artículos 317 de la Carta Magna, y 3 del Código Orgánico Tributario, así como una limitación arbitraria del derecho a la propiedad privada, consagrado en el artículo 115 Constitucional, el cual dispone que dicho

---

18   Cfr. VENEZUELA. Tribunal Supremo de Justicia. Sentencia N° 446/2004, de 24 de marzo, de la Sala Constitucional (caso: *Otepi Consultores, S.A.*) [en línea] http://historico.tsj.gob. ve/decisiones/scon/marzo/446-240304-03-1792.HTM (última fecha de consulta: 24 de septiembre de 2023).

derecho constitucional estará sometido sólo *"a las **contribuciones, restricciones y obligaciones** que **establezca la ley con fines de utilidad pública o de interés general**"* (negrillas de este fallo)».

Adicionalmente, la SC manifestó que, aun cuando la CRBV reconocía el derecho a la seguridad social, el cual incluye el derecho a ciertas prestaciones en caso de pérdida de empleo o desempleo, a ser realizadas en el marco de un subsistema financiado mediante contribuciones directas e indirectas, y la LOSSS desarrollaba dicho derecho, ninguna de las dos normas definía los elementos constitutivos de las aludidas contribuciones, establecía los montos o porcentajes de las mismas, o atribuía al IVSS la administración de los recursos, como sí lo hacía el derogado LSPFCL en sus artículos 1, 4, 5, 6 y 30.

Ahora bien, aun cuando la Sala compartía plenamente el criterio del *a quo* en la materia de fondo debatida, revocó el fallo apelado por una razón técnica: el amparo constitucional debió ser declarado inadmisible pues la parte actora no demostró haber agotado la vía ordinaria, esto es, el recurso contencioso tributario, el cual habría sido resuelto en primera instancia por el mismo órgano jurisdiccional y era apto para restablecer situaciones jurídicas constitucionales infringidas. Pero, no obstante tal revocatoria, la Sala, al verificar la lesión del orden público constitucional por parte de la agraviante, mantuvo los efectos del fallo apelado (vale decir, la prohibición de emitir facturas, o cobrarlas, a Otepi Consultores, S.A., por concepto de paro forzoso) hasta tanto la agraviada ejerciese el recurso contencioso tributario, para lo cual se entendería reabierto el lapso de caducidad desde la notificación de la sentencia de la Sala[19]. Otra curiosidad sobre la que volveremos más adelante, es que el fallo contó con un voto particular del Magistrado Pedro RONDÓN HAAZ, donde especialmente se objetaba el riesgo de que la medida cautelar innominada otorgada por la Sala –el mantenimiento de los efectos del fallo apelado *hasta tanto la agraviante ejerciese el recurso ordinario*- fuese eterna, pues la agraviante bien podría no ejercer dicho recurso, acogiéndose a los beneficiosos efectos otorgados por la máxima instancia judicial en vez de arriesgarse a comenzar un nuevo proceso judicial.

La segunda sentencia sobre la cuestión, dictada por la SC como tribunal de segunda instancia en materia de amparo constitucional[20],

---

19   Entonces, aun cuando a primeras no resulte tan clara la decisión, ésta fue: *(i)* declarar sin lugar la apelación interpuesta; *(ii)* revocar el fallo apelado; *(iii)* declarar inadmisible el amparo constitucional, por el no agotamiento de la vía ordinaria; y *(iv)* mantener los efectos del fallo apelado, hasta tanto la agraviada ejerciese el recurso contencioso tributario, para cuyo ejercicio se entendería reabierto el plazo de caducidad desde la fecha de notificación del fallo de la SC.

20   En este caso, el *a quo* era el Tribunal Superior Cuarto en lo Contencioso Tributario de la Circunscripción Judicial del Área Metropolitana de Caracas.

pero esta vez en consulta y no en apelación, fue la N° 1.859 de 30 de agosto de 2004 (caso: *Hbo Olé Producciones, C.A.*)[21], donde la prenombrada sociedad mercantil denunció las lesiones a la legalidad tributaria, así como a su derecho a la propiedad, derivados de la pretensión del IVSS de liquidar mes a mes las contribuciones por concepto de paro forzoso, luego del 30 de diciembre de 2002. En este caso, la SC citó extensamente el fallo sobre el asunto *Otepi Consultores, S.A.* y llegó a una idéntica solución[22].

La tercera decisión fue la N° 3.156 de 15 de diciembre de 2004 (caso: *TW Producciones, C.A.*)[23], también recaída en consulta[24]. En el caso referido, la presunta agraviada denunció, además de las violaciones a la legalidad tributaria y al derecho de propiedad, que dada su negativa a contribuir con el paro forzoso a falta de una ley vigente, el IVSS amenazó con no otorgarle el certificado de solvencia, que a su vez implicaba la imposibilidad de la empresa de contratar con el Estado, por así disponerlo la Ley de Licitaciones. La decisión de la SC fue igual a la de los casos *Otepi Consultores, S.A.* y *Hbo Olé Producciones, C.A.*

2.2. *El fallo declaratorio de la inconstitucionalidad por omisión*

El 28 de abril de 2003, los apoderados judiciales de PROVEA solicitaron a la Sala Constitucional declarar la inconstitucionalidad en la que habría incurrido la Asamblea Nacional «al promulgar la Ley Orgánica del Sistema de Seguridad Social (…) sin contemplar un régimen de transitoriedad para el artículo 138 en relación con los porcentajes correspondientes a las cotizaciones de patronos y trabajadores por concepto

---

21   Cfr. VENEZUELA. Tribunal Supremo de Justicia. Sentencia N° 1859/2004, de 30 de agosto, de la Sala Constitucional (caso: *HBO Olé Producciones, C.A.*) [en línea] http://historico. tsj.gob.ve/decisiones/scon/agosto/1859-300804-03-2277%20.HTM (última fecha de consulta: 24 de septiembre de 2023).

22   Aun cuando, en primer lugar, con relación al mantenimiento de los efectos del fallo en consulta, la Sala señaló que se entendería reabierto el plazo para agotar la vía ordinaria «a partir de la presente decisión *o hasta el vencimiento del lapso de caducidad para la interposición de dicho recurso*» (itálicas añadidas); y, en segundo lugar, la decisión contó con un voto concurrente, por razones atinentes al modo como la Sala justificó su competencia sobre el caso, sin que ello obstara para que el magistrado concurrente admitiera la competencia de la Sala y manifestara su conformidad con el fallo emitido.

23   VENEZUELA. Tribunal Supremo de Justicia. Sentencia N° 3156/2004, de 15 de diciembre, de la Sala Constitucional (caso: *TW Producciones, C.A.*) [en línea] http://historico.tsj.gob. ve/decisiones/scon/diciembre/3156-151204-04-0738.HTM (última fecha de consulta: 24 de septiembre de 2023).

24   De una decisión del Tribunal Superior Octavo en lo Contencioso Tributario de la Circunscripción Judicial del Área Metropolitana de Caracas, que declaró con lugar el amparo constitucional intentado.

de contribución especial al Régimen Prestacional de Empleo»[25]. Tal solicitud fue admitida por el Juzgado de Sustanciación de la SC, el 14 de mayo de 2003, y fue declarada como un asunto de mero derecho por la SC, mediante fallo N° 485 de 30 de marzo de 2004[26].

En el escrito presentado por PROVEA se alegó que, dadas la derogación de la normativa que regulaba el paro forzoso y la falta de previsión de un régimen transitorio hasta tanto se dictase la LRPE, la Asamblea Nacional dejó «sin base legal el cobro de las contribuciones especiales que realiza el IVSS a los trabajadores y empleadores mes a mes». En adición a lo anterior, PROVEA denunció que dicha indeterminación derivaba de una omisión legislativa que: *(i)* menoscababa el derecho a la seguridad social, consagrado constitucionalmente; y *(ii)* lesionaba el principio de progresividad en el ejercicio y goce de los derechos constitucionales, previsto en la Constitución y en instrumentos internacionales vinculantes para Venezuela, tales como la Carta de la Organización de Estados Americanos, la Convención Americana de Derechos Humanos, el Pacto Internacional de Derechos Económicos, Sociales y Culturales y el Convenio de la Organización Internacional del Trabajo. Por ello, PROVEA pidió a la Sala declarar la inconstitucionalidad de la omisión y, en consecuencia, ordenar a la Asamblea Nacional modificar la LOSSS, o bien dictar un régimen transitorio, en un plazo perentorio.

La SC, con ponencia del Magistrado Pedro Rondón Haaz, se pronunció sobre el fondo mediante la sentencia N° 91 de 2 de marzo de 2005[27], oportunidad en la que declaró con lugar la solicitud de PROVEA y, en consecuencia, declaró inconstitucional la omisión de la Asamblea Nacional al no dictar, «dentro de un plazo razonable en derecho», la LRPE o, en su defecto, «un régimen transitorio que solvente la situación lesiva al derecho constitucional a la seguridad social». Asimismo, la Sala acordó una medida cautelar innominada a través de la cual suspendió los efectos del artículo 138 de la LOSSS y, por ende, declaró la *ultra actividad* del LSPFCL.

Para arribar a tal decisión, la SC realizó algunas motivaciones que merecen ser traídas a colación. En primer lugar, volvió sobre el pre-

---

25   Citamos a la parte actora, en lo sucesivo, tal y como aparecen sus alegatos textualmente en el fallo N° 485 de 30 de marzo de 2004.

26   VENEZUELA. Tribunal Supremo de Justicia. Sentencia N° 485/2004, de 30 de marzo, de la Sala Constitucional (caso: *PROVEA* –declaratoria de mero derecho-) [en línea] http:// historico.tsj.gob.ve/decisiones/scon/marzo/485-300304-03-1100.HTM (última fecha de consulta: 24 de septiembre de 2023).

27   VENEZUELA. Tribunal Supremo de Justicia. Sentencia N° 91/2005, de 2 de marzo, de la Sala Constitucional (caso: *PROVEA*) [en línea] http://historico.tsj.gob.ve/decisiones/ scon/marzo/91-020305-03-1100.HTM (última fecha de consulta: 24 de septiembre de 2023).

cedente sentado en el fallo N° 446 de 24 de marzo de 2004 (caso: *Otepi Consultores, S.A.*), para ratificar: *(i)* «que mal puede pretenderse ahora la recaudación de la contribución especial de paro forzoso sin que, con ello, se violen o amenacen de violación los derechos de propiedad y legalidad tributaria, por cuanto dicho tributo carece, en la actualidad, de base legal»; y *(ii)* que la ausencia de regulación de la contribución especial de paro forzoso no significaba una omisión legislativa, pues en la LOSSS garantizó las prestaciones de ayuda a trabajadores cesantes y desempleados, mediante la creación, en su propio texto, de un Régimen Prestacional de Empleo[28]. En segundo lugar, dejando de lado el asunto tributario, la Sala consideró grave la falta de regulación de las prestaciones y beneficios, mientras no comenzase la vigencia de la LRPE, pues del artículo 81 de la LOSSS se desprende inequívocamente que en aquélla ley debía establecerse todo el nuevo régimen prestacional, por lo cual, hasta su entrada en vigor, existiría en la práctica una interrupción de los servicios sociales vinculados con las contingencias de cesantía y desempleo, lo que implicaba una trasgresión constitucional y una lesión a compromisos internacionales adquiridos por Venezuela. En tercer lugar, la Sala citó el Convenio 102 sobre la Seguridad Social (Norma Mínima), de 28 de junio de 1952, de la Organización Internacional del Trabajo[29], cuyo artículo 71, numerales 1 y 3, prevé la obligación de las partes consistente en establecer y mantener un sistema de cotizaciones o de impuestos para financiar –y así garantizar- las prestaciones previstas en tal normativa, incluidas las relativas a cesantía y desempleo. Ésta fue la justificación para, además de otorgar un plazo de tres (3) meses a la Asamblea Nacional para dictar la LRPE, o bien producir un régimen transitorio mientras se dictaba dicha ley, suspender los efectos del artículo 138 de la LOSSS y declarar, cautelarmente, hasta tanto se dictase la referida LRPE, la *ultra actividad* del LSPFCL[30].

---

28   «El Régimen Prestacional de Empleo constituye, así, la garantía que establece la nueva Ley ante la contingencia de la cesantía del trabajador, garantía que sustituye en lo esencial al sistema de paro forzoso que fue derogado, a través de prestaciones similares a las que preceptuaba ese antiguo sistema. De manera que si bien es cierto que se eliminó la contribución de paro forzoso y, en consecuencia, no puede, en modo alguno, ser objeto de cobro ni cotización –lo que reitera esta Sala en esta oportunidad- no es cierto que los beneficios que esa prestación suponía respecto del derecho a la seguridad social en caso de cesantía laboral, hayan quedado desprotegidos, pues el legislador los ha sustituido por una prestación sustancialmente igual, como lo es el Régimen Prestacional de Empleo».

29   La ley aprobatoria de dicho Convenio fue publicada en la GO N° 2848 extraordinario, de 27 de agosto de 1981.

30   Un asunto curioso, pero al margen de nuestro análisis, es que el ponente de esta decisión se opuso antes (en la sentencia N° 446 de 24 de marzo de 2004, caso: *Otepi Consultores, S.A.*) al establecimiento de medidas cautelares indeterminadas temporalmente. En nuestra opinión, revivir un texto legal hasta tanto el parlamento dicte otro texto legal –no obs-

2.3. *Los últimos fallos en materia de amparo constitucional*

Luego de la sentencia N° 91 de 2 de marzo de 2005 (caso: *PROVEA*), la SC continuó profiriendo sentencias de segunda instancia en materia de amparo constitucional. En general, se siguió aplicando, *ratio tempore*, la doctrina del caso *Otepi Consultores, S.A.*, pero se dejó asentado que para casos posteriores al 2 de marzo de 2005, debía entenderse constitucional la liquidación y el cobro de la contribución especial de paro forzoso, dada la vigencia de una norma legal (el ultra activo -o *revivido*- LSPFCL) que le daba cobertura, en razón de la decisión tomada por la Sala en el caso *PROVEA*.

Así, en las decisiones números 365 de 31 de marzo de 2005 (caso: *Oxinova, C.A.*)[31], 625 de 22 de abril de 2005 (caso: *Distribuidora Eureve, C.A.*)[32], 672 de 28 de abril de 2005 (caso: *Anzola Rafalli y Rodríguez*)[33], 872 de 12 de mayo de 2005 (caso: *Andinos, C.A.*)[34], 2677 de 12 de agosto de 2005 (caso: *Sincrudos de Oriente Sincor, C.A.*)[35] y 124 de 31 de enero de 2007 (caso: *Seguros Altamira, C.A.*)[36], la SC declaró la liquidación y el cobro del paro forzoso, entre el 30 de diciembre de 2002 y el 2 de marzo de 2005, contrarios al derecho a la propiedad privada y al principio de legalidad tributaria. Un párrafo de la sentencia N° 872/2005 de 12 de mayo resume la posición de la Sala:

---

tante se le emplace a legislar- es, precisamente, dictar una medida cautelar indeterminada en el tiempo, incluso con la potencialidad de eternizarse.

31   VENEZUELA. Tribunal Supremo de Justicia. Sentencia N° 365/2005, de 31 de marzo, de la Sala Constitucional (caso: *Oxinova, C.A.*) [en línea] http://historico.tsj.gob.ve/decisiones/scon/marzo/365-310305-04-1942.HTM (última fecha de consulta: 24 de septiembre de 2023).

32   VENEZUELA. Tribunal Supremo de Justicia. Sentencia N° 625/2005, de 22 de abril, de la Sala Constitucional (caso: *Distribuidora Eureve, C.A.*) [en línea] http://historico.tsj.gob.ve/decisiones/scon/abril/625-220405-04-0191.HTM (última fecha de consulta: 24 de septiembre de 2023).

33   VENEZUELA. Tribunal Supremo de Justicia. Sentencia N° 672/2005, de 28 de abril, de la Sala Constitucional (caso: *Anzola, Raffalli y Rodríguez*) [en línea] http://historico.tsj.gob.ve/decisiones/scon/abril/672-280405-03-2495.HTM (última fecha de consulta: 24 de septiembre de 2023).

34   VENEZUELA. Tribunal Supremo de Justicia. Sentencia N° 872/2005, de 12 de mayo, de la Sala Constitucional (caso: *Andinos, C.A.*) [en línea] http://historico.tsj.gob.ve/decisiones/scon/mayo/872-120505-04-3239.HTM (última fecha de consulta: 24 de septiembre de 2023).

35   VENEZUELA. Tribunal Supremo de Justicia. Sentencia N° 2677/2005, de 12 de agosto, de la Sala Constitucional (caso: *Sincrudos de Oriente Sincor, C.A.*) [en línea] http://historico.tsj.gob.ve/decisiones/scon/agosto/2677-120805-03-1014.HTM (última fecha de consulta: 24 de septiembre de 2023).

36   VENEZUELA. Tribunal Supremo de Justicia. Sentencia N° 124/2007, de 31 de enero, de la Sala Constitucional (caso: *Seguros Altamira, C.A.*) [en línea] http://historico.tsj.gob.ve/decisiones/scon/enero/124-310107-04-0762.HTM (última fecha de consulta: 24 de septiembre de 2023).

«De lo precedente, no cabe dudas de la inconstitucionalidad, para la oportunidad en que se dictó la decisión objeto de apelación, del cobro de la contribución de paro forzoso. No obstante, la Sala reitera su decisión n° 91 del 2 de marzo de 2005 -fallo que no es aplicable al caso de autos, por razones temporales-, según la cual, a partir de esa fecha, a los contribuyentes sí les será exigible la cotización del paro forzoso».

Finalmente, en la sentencia 124/2007 de 30 de enero, la SC dio por terminada la *ultra actividad* del LSPFCL, vista la promulgación de la LRPE[37]:

«Sin embargo, en el presente caso, para el momento en que ocurrieron los hechos denunciados como lesivos, así como la oportunidad de la decisión apelada -15 de septiembre de 2003- el cobro de la contribución de paro forzoso resultaba violatorio del principio de legalidad tributaria, tal como se señaló en las decisiones *supra* transcritas, en virtud de que el artículo 138 de la Ley Orgánica del Sistema de Seguridad Social produjo un vacío de regulación respecto de los elementos integradores de la referida contribución especial, al derogar el Decreto con Rango y Fuerza de Ley que Regula el Subsistema de Paro Forzoso y Capacitación Laboral; por lo que dicho tributo, como se señaló, carecía de base legal. Y si bien, tal vacío fue subsanado por esta Sala, en su decisión N° 91 del 2 de marzo de 2005, fecha a partir de la cual a los contribuyentes sí les sería exigible la cotización del paro forzoso y, posteriormente, fue promulgada la Ley que regulariza el régimen de prestación de empleo, el 27 de septiembre de 2005, no obstante, por razones temporales, tal situación no es aplicable al caso de autos».

2.4. *Otros fallos*

-N° 329 de 9 de marzo de 2004 (caso: *C.A. Goodyear de Venezuela*)[38].

Los apoderados judiciales de C.A. Goodyear de Venezuela interpusieron, el 7 de junio de 2000, acción de nulidad por razones de in-

---

37 VENEZUELA. Asamblea Nacional. Ley del Régimen Prestacional de Empleo. Gaceta Oficial N° 38.281 de 27 de septiembre de 2005 [en línea] http://historico.tsj.gob.ve/gaceta/septiembre/270905/270905-38281-09.html (última fecha de consulta: 24 de septiembre de 2023).

38 VENEZUELA. Tribunal Supremo de Justicia. Sentencia N° 329/2004, de 9 de marzo, de la Sala Constitucional (caso: *C.A. Goodyear de Venezuela*) [en línea] http://historico.tsj.gob.ve/decisiones/scon/marzo/329-090304-00-1790.HTM (última fecha de consulta: 24 de septiembre de 2023).

constitucionalidad[39] contra los artículos 9, numerales 3 y 7, 82, 125 y 131 del LSPFCL[40], así como contra los artículos 4 y 21 del Decreto con Rango y Fuerza de Ley que regula el Subsistema de Pensiones. El 20 de enero de 2004 desistieron de tal pretensión, vista la derogación expresa de las disposiciones impugnadas, prevista en la LOSSS. La Sala homologó el desistimiento.

-N° 2273 de 23 de septiembre de 2004 (caso: *Enrique Ochoa Antich*)[41].

Enrique Ochoa Antich, activista político venezolano, denunció el retraso de la Asamblea Nacional y del Presidente de la República en dictar o desarrollar normas, para hacer valer el derecho constitucional a la seguridad social. Entre muchas cosas importantes, refirió el problema del vacío normativo en materia de subsidio por cesantía y desempleo, producido por el artículo 138 de la LOSSS. La Sala declaró inadmisible la solicitud, por inepta acumulación de pretensiones, pues en algunos casos se buscaba una declaratoria de inconstitucionalidad por omisión, para lo cual sería competente la Sala Constitucional, pero en otros casos la omisión se produciría por la falta de desarrollo de textos legales, competencia de la Sala Político Administrativa del mismo Tribunal Supremo.

3. Diferencias de la jurisprudencia de la SC en materia de paro forzoso, con relación a la reviviscencia puesta en práctica en Italia y España

3.1. *No existió un pronunciamiento de inconstitucionalidad sobre la derogación del LSPFCL*

Una primera diferencia que observamos entre la jurisprudencia de la SC, con relación a la del Tribunal Constitucional español y la Corte Constitucional italiana, es que en el caso del paro forzoso no se cuestionó la derogatoria *per se* del LSPFCL[42], con lo cual se hubiese podido justificar su reviviscencia desde la óptica constitucional. El pronun-

---

39   En Venezuela, existe acción popular de inconstitucionalidad de leyes y otras normas dictadas en ejecución directa de la Constitución.

40   El argumento fundamental de la parte actora era que el LSPFCL desconocía el principio de reserva legal en materia tributaria, pues delegaba al Consejo Nacional de la Seguridad Social –un órgano de la administración pública- la posibilidad de eliminar, aumentar o disminuir la alícuota prevista en su artículo 5.

41   VENEZUELA. Tribunal Supremo de Justicia. Sentencia N° 2273/2004, de 23 de septiembre, de la Sala Constitucional (caso: *Enrique Ochoa Antich*) [en línea] http://historico.tsj. gob.ve/decisiones/scon/septiembre/2273-230904-04-0193%20.HTM (última fecha de consulta: 24 de septiembre de 2023).

42   De hecho, no hubo mención alguna a una posible inconstitucionalidad de la LOSSS, parcial o total.

ciamiento de inconstitucionalidad proferido, fue, como vimos, por la omisión de la Asamblea Nacional al no dictar la LRPE, cuestión independiente de la derogación del LSPFCL.

3.2. *No existieron vicios de competencia o procedimentales*

En el caso venezolano, no se cuestionaba la competencia de la Asamblea Nacional para dictar las normas relativas a los subsistemas de la seguridad social, pues de lo contrario hubiese resultado imposible una declaratoria de inconstitucionalidad por omisión. Por ende, siguiendo la harta enrevesada lógica de la STC 61/1997, tampoco estaba cuestionada la competencia de la Asamblea Nacional para derogar el derecho preconstitucional sobre la materia.

Tampoco fue objeto de análisis vicio alguno en el procedimiento legislativo cuya conclusión arrojó como resultado la LOSSS, vicio que hubiese podido justificar un pronunciamiento de inconstitucionalidad.

3.3. *La **CRBV** previó la derogación del **LSPFCL** por nueva disciplina en la materia*

En el caso venezolano, precisamente por mandato constitucional debían sustituirse los subsistemas de la seguridad social y, en el caso de la prestación por cesantía y desempleo, expresamente estaba prevista la entrada en vigencia del Régimen Prestacional de Empleo, en sustitución del Sistema de Paro Forzoso y Capacitación Laboral.

3.4. *Se revivió un texto normativo preconstitucional, pero de más reciente data*

Lamentablemente, al igual que en la STC 61/1997 se revivió una ley preconstitucional, omitiendo la conseja kelseniana de limitar temporalmente la posibilidad de tales procedimientos, precisamente para evitar contradicciones e indeterminaciones normativas con relación al conjunto de normas en vigencia. Decimos «lamentablemente» porque resulta paradójico que el Defensor de la Constitución[43] traiga del mundo de la no vigencia leyes preconstitucionales, con el socorrido pretexto de proteger la Constitución. Por lo menos, en el caso venezolano, la ley preconstitucional revivida era de más reciente data y familiaridad que la Ley del Suelo, Texto Refundido de 1976, pero cuyas normas provenían de la década de 1950.

---

43   Obviamente, aludimos a KELSEN, Hans. ¿Quién debe ser el defensor de la Constitución? (*Reimp. de la 2ª Ed.*). Madrid: Tecnos, 2002, 82 p.

3.5. *Un procedimiento heterodoxo*

El fallo N° 91 de 2 de marzo de 2005 revivió una ley derogada conforme a las previsiones constitucionales, a través de una medida cautelar innominada, dictada de oficio. En tal sentido, manifestamos nuestro desconocimiento sobre el recibo de tal técnica en el Derecho constitucional comparado, no sólo para revivir textos legales[44], sino para impartir justicia constitucional.

4. Algunas críticas a la posición de la SC sobre la derogación del paro forzoso

4.1. *Ambivalencia y falta de estabilidad del precedente*

En primer lugar, observamos que aun cuando algunas de las sentencias previamente comentadas intentan orientar no sólo la futura jurisprudencia de la propia SC sino también al resto de los operadores jurídicos involucrados (especialmente, la administración del Seguro Social, los demás órganos jurisdiccionales y los contribuyentes), la Sala bien pudo fijar un solo criterio desde los primeros casos que conoció y, lamentablemente, no lo hizo así. En menos de un año cambió drásticamente su criterio, lo cual no es propio de un órgano que tiene asignada la vital función de ser la máxima y última intérprete del texto constitucional.

4.2. *Vulneración del derecho a la igualdad*

La ambivalencia referida, incurrida por una manipulación de la validez temporal (vigencia) de una norma general, trajo consigo que esa misma norma, injustificadamente, fuese aplicada de un modo distinto a iguales sujetos jurídicos. La cuestión es más grave cuando se repara en que dicha norma tenía contenidos tributarios y regulaba parte del derecho constitucional a la seguridad social. A nuestro juicio, lo anterior contraviene el derecho a la igualdad.

4.3. *Afectación de la seguridad jurídica*

Según nuestro entender, la posición de la SC afectó la seguridad jurídica. En primer lugar, porque oscureció la cognoscibilidad del derecho aplicable, una de las cuestiones esenciales de la seguridad ju-

---

44   El único caso que conocemos es el venezolano, donde no sólo se han revivido normas
       sobre la seguridad social (con contenido tributario), sino también normas sobre seguros
       y reaseguros (caso de la reviviscencia de la Ley de Empresas de Seguros y Reaseguros,
       analizado en este trabajo).

rídica. En segundo lugar, porque la secuencia de sus sentencias, no siempre seguida por los operadores jurídicos, implicó cambios abruptos en sus relaciones jurídicas.

4.4. Lesión del principio democrático

Una de las cuestiones más reservadas al parlamento, como baluarte democrático, es el establecimiento de los tributos (*no taxation without representation*) y dado que, a nuestro juicio, la SC revivió un texto tributario derogado expresamente por el legislador, invadió una competencia propia de éste pero, sobre todo, trasgredió el principio democrático, pues es la mayoría representada en el órgano legislativo la legitimada para decidir la entrada en vigencia de las normas tributarias. Además, en el proceso por omisión inconstitucional, la Sala procedió a revivir un texto derogado expresamente por el parlamento, sin antes darle una oportunidad a éste para colmar la laguna correspondiente.

4.5. Falta de claridad conceptual (¿ultra actividad o reviviscencia?)

En las sentencias analizadas, pero fundamentalmente en la medida cautelar dictada –de oficio y jamás a petición de parte- en el fallo N° 91 de 2 de marzo de 2005 (caso: *PROVEA*), observamos una manipulación de los términos jurídicos, muy característica del formalismo jurídico, que resta claridad al trabajo de la SC. En primer lugar, la Sala califica como «suspensión de efectos de una cláusula derogatoria» a la *reviviscencia* (una forma sustitutiva y extraordinarísima de legislación) de un texto jurídico derogado expresamente por el legislador. Y, en segundo lugar, la Sala llama *ultra actividad* al efecto de su pronunciamiento, cuando la **ultraactividad** no es sino la aplicabilidad de normas derogadas para casos pendientes de resolución, especialmente para proteger ciertos derechos. Por el contrario, la SC dictó una norma general a los órganos aplicadores para que, en los casos futuros, apliquen los mismos contenidos de una ley antes derogada por el parlamento[45].

IV. La reviviscencia de la ley de propiedad industrial

El 12 de septiembre de 2008, el Servicio Autónomo de Propiedad Industrial (SAPI) publicó un aviso en la prensa nacional mediante el cual expresó que «en consecuencia de la denuncia del Acuerdo de

---

45   Como también pudimos ver en el caso de la reviviscencia parcial de la Ley Orgánica de la Corte Suprema de Justicia, la Sala Constitucional intenta –infructuosamente a nuestro juicio- negar que su decisión comporta la reviviscencia de un texto legal.

Integración Subregional Andino Acuerdo de Cartagena por parte de
la República Bolivariana de Venezuela en fecha 22 de abril de 2006, se
restituirá la aplicación en su totalidad de la Ley de Propiedad Industrial vigente en nuestro país»[46].

Lo anterior configura un caso de reviviscencia administrativa (que
no judicial) de una ley, como consecuencia frente al retiro de Venezuela de la Comunidad Andina de Naciones (CAN), lo cual dejaría un
vacío normativo-a juicio del SAPI- en materia de registro de marcas,
signos distintivos, patentes y diseños industriales, todo lo cual se halla regulado en la Decisión N° 484 de la CAN[47].

El principal problema que se presenta con la reviviscencia de la
Ley de Propiedad Industrial de 1955, es que ésta niega protección a
los productos farmacéuticos, así como a «las bebidas y artículos alimenticios», y a las «preparaciones, reacciones y combinaciones químicas». La incertidumbre en el sector se ha acrecentado toda vez que
los proyectos anunciados desde el Ministerio de Comercio incluyen
limitaciones a dichas patentes (menos tiempo otorgado –actualmente
se otorgan 20 años-, posibilidad de negar patentes a ciertas medicinas,
prohibición de importar ciertas medicinas que se podrían producir en
el país, etc.). A todo lo anterior se suma el silencio de la SC, quien no
ha respondido una solicitud de interpretación del artículo 153 constitucional, que dispone que «las normas que se adopten en el marco de
los acuerdos de integración serán consideradas parte integrante del
ordenamiento legal vigente y de aplicación directa y preferente a la
legislación interna».

---

46   Ver: https://tuabogado.com/una-nueva-forma-de-derogar-leyes-nueva-vigencia-ley-de-propiedad-industrial/#gsc.tab=0 (última fecha de consulta: 23 de septiembre de 2023).

47   Las consecuencias jurídicas del retiro de Venezuela de la Comunidad Andina de Naciones es de más hondo calado y no se limita al tema de la propiedad industrial, pues afecta buena parte de la legislación mercantil (régimen de las empresas, régimen de la inversión extranjera directa, régimen de las sociedades anónimas, contratos de importación de tecnología, régimen de la libre competencia, régimen del transporte terrestre, marítimo y aéreo). Cfr. MORLES HERNÁNDEZ, Alfredo. El retiro de Venezuela de la Comunidad Andina de Naciones y sus efectos en la legislación mercantil. /En/ *Revista de la Facultad de Ciencias Jurídicas y Políticas N° 127*. Caracas: Universidad Central de Venezuela, 2007, p. 279-304. La tesis del profesor MORLES HERNÁNDEZ supone, en cierta manera, la reviviscencia de todo el marco normativo nacional que se hallaba vigente antes de la entrada de Venezuela en la Comunidad Andina de Naciones. Por su parte, y para el caso específico de la propiedad industrial, Hildegard RONDÓN DE SANSÓ sostiene la ultractividad de la regulación andina y, además, aduce que el acto administrativo del SAPI –el cual, al ser derogatorio de todo un régimen jurídico, lo reputa un acto normativo- lesionó el derecho a la propiedad privada, así como el principio de confianza legítima o expectativa plausible. Cfr. RONDÓN DE SANSÓ, Hildegard. *La situación actual de la propiedad industrial (Venezuela-noviembre 2008)*. Caracas: Lito-Formas, 2008, p. 104-105.

SEXTA PARTE:

Contra la reviviscencia por parte del juez constitucional de textos legales, con el propósito de subsanar omisiones legislativas absolutas en Venezuela

Venezuela no es un país donde aún se discuta, como en España[1], sobre la posibilidad de establecer un control sobre las omisiones legislativas contrarias a la Constitución, pues la CRBV, en su artículo 336.7, expresamente incluyó la potestad de la SC para «declarar la inconstitucionalidad de las omisiones del poder legislativo municipal, estadal o nacional cuando haya dejado de dictar las normas o medidas indispensables para garantizar el cumplimiento de esta Constitución, o las haya dictado en forma incompleta, y establecer el plazo y, de ser necesario, los lineamientos de su corrección». Se trata de una previsión amplia que cubre tanto las omisiones legislativas absolutas como las omisiones legislativas relativas[2] y las encausa a través de un procedimiento específico ante la SC.

No obstante las objeciones esgrimibles contra el establecimiento de un mecanismo que, entre otras cosas, amenaza la división de poderes[3], es de destacar la claridad de la redacción del aludido artículo, especialmente porque de dicha redacción lo único que puede des-

---

1   V. FERNÁNDEZ RODRÍGUEZ, José Julio. *La inconstitucionalidad por omisión. Teoría general. Derecho comparado, El caso español.* Madrid: Civitas, 1998, p. 405 y s.

2   Deben diferenciarse: *(i)* las *omisiones legislativas absolutas,* que se producen cuando falta toda disposición legislativa que desarrolle o dé cumplimiento al precepto constitucional; de *(ii)* las *omisiones legislativas relativas,* referidas a regulaciones legales parciales, incompletas o defectuosas desde el punto de vista constitucional. Mientras el problema de las omisiones legislativas absolutas parece sólo poder solventarse mediante la labor legislativa exigida constitucionalmente, las omisiones legislativas relativas plantean un problema de interpretación de la ley, de acuerdo con los preceptos constitucionales V. DÍAZ REVORIO, Francisco Javier. *El control de constitucionalidad de las omisiones legislativas relativas en el Derecho comparado europeo.* /En/ REDC N° 61. Madrid: CEPC, (enero-abril) 2001, p. 83-84.

3   No se trata, ni mucho menos, de la única objeción a la figura de la omisión constitucional absoluta. Entre tantas, nos llama a la reflexión la vulneración de la libertad de configuración del legislador, quien tiene discrecionalidad para apreciar –a falta de mención precisa en la Constitución– el momento en que se impone legislar sobre determinada materia, vistas las condiciones políticas, económicas y sociales. V. FERNÁNDEZ RODRÍGUEZ, José

prenderse como consecuencia de una omisión legislativa declarada inconstitucional por la SC sería el establecimiento de un plazo y, si fuese el caso, los lineamientos constitucionales a los que debe atenerse la normativa legal, y en ningún caso se atribuye una facultad a la SC para que dicte ella misma norma legal alguna o, lo que es prácticamente igual, reviva textos derogados con el pretexto de cubrir perentoriamente el vacío presentado.

Ello lo afirmamos antes de arribar a nuestras conclusiones, porque la SC, con la reviviscencia «cautelar» del paro forzoso ha sentado un precedente negativo, al atribuirse una competencia legislativa de la que carece, y ha ejercido con el pretexto de subsanar una omisión legislativa absoluta[4].

CONCLUSIONES

1.- El problema de la reviviscencia de las leyes, sea por el legislador o por el órgano encargado del control concentrado de la constitucionalidad de las leyes y demás actos con rango de ley, no tiene una solución clara ni en la legislación ni en la jurisprudencia examinada.

2.- Dicha reviviscencia no se produce automáticamente luego de la manipulación de una cláusula derogatoria y hace falta una expresión inequívoca de la intención de hacer recobrar vigencia al texto determinado.

3.- La reviviscencia es el producto de una decisión discrecional, con eminente carácter creativo, que debe ser debidamente motivada y controlada jurídicamente.

Julio. *La inconstitucionalidad por omisión. Teoría general. Derecho comparado, El caso español, op. cit.*, p. 164 y s.

4   Jesús María Casal Hernández, al describir el mecanismo venezolano de control de las omisiones legislativas contrarias a la CRBV, es enfático al señalar «que [frente a omisiones legislativas absolutas] la Sala Constitucional no está autorizada para legislar con carácter provisional» Cfr. CASAL HERNÁNDEZ, Jesús María. La protección de la Constitución frente a las omisiones legislativas. /En/ *Constitución y justicia constitucional (2ª. Ed)*. Caracas: Universidad Católica Andrés Bello, 2004, p. 240-241. Sin embargo, Casal nada dice sobre si la reviviscencia de textos derogados, para subsanar dicho tipo de omisiones legislativas hasta tanto el legislador cumpla con el mandato constitucional correspondiente, habría de considerarse como una actividad legislativa. Como hemos venido sosteniendo a lo largo del trabajo, a nuestro juicio sí se trata de una actividad legislativa y, por tanto, en los términos planteados con la reviviscencia del paro forzoso, se trata de una práctica contraria al Texto Fundamental.

4.- En tal sentido, es necesario que los textos constitucionales prevean más completas regulaciones sobre el efecto derogatorio y sobre las condiciones de procedencia de la reviviscencia.

5.- El caso del paro forzoso, así como en general la práctica de la SC al respecto, a nuestro juicio, revela un mal uso de la reviviscencia, la cual no es explícitamente sostenida y justificada.

6.- En Venezuela, aun cuando existe una competencia atribuida a la SC para declarar la inconstitucionalidad de las omisiones legislativas, no está prevista la posibilidad de que la SC legisle perentoriamente o, lo que es igual, reviva cautelarmente normas derogadas para subsanar omisiones legislativas absolutas, como medio para subsanar tales omisiones.

BIBLIOGRAFÍA

AGUILAR, Héctor Orestes (*comp.*). *Carl Schmitt, teólogo de la política.* México: Fondo de Cultura Económica, 2001, 504 p.

AGUILÓ REGLA, Josep. *Derogación, rechazo y sistema jurídico.* /En/ DOXA N° 11. Alicante: UA, 1992, p. 263-280.

AGUILÓ REGLA, Josep. Positivismo y postpositivismo. Dos paradigmas jurídicos en pocas palabras. /En/ *DOXA N° 30.* Alicante: UA, 2007, p. 665-678.

AHUMADA RUÍZ, Marian. *La jurisdicción constitucional en Europa. Bases teóricas y políticas.* Madrid: Thomson Civitas, 2005, 331 p.

ARIAS CASTILLO, Tomás A. El último argumento de Ronald Dworkin en su disputa con H.L.A. Hart. /En/ TRIBUNAL SUPREMO DE JUSTICIA. *Revista de Derecho N° 24.* Caracas: 2007, p. 39-61.

ARIAS CASTILLO, Tomás A. La ineficacia de la justicia constitucional (y de un conflictivo Real Decreto-ley). Análisis crítico de un fallo del Tribunal Constitucional español. /En/ TRIBUNAL SUPREMO DE JUSTICIA. *Revista de Derecho N° 31.* Caracas: 2009, p. 117-129.

ARIAS CASTILLO, Tomás A. ¿Lagunas axiológicas en la Constitución? Breves comentarios a un fallo de la Sala Constitucional. / En/ *Anuario de Derecho Público (2009).* Caracas: Universidad Monteávila, 2009, p. 75-82.

ARAGÓN REYES, Manuel. El Estado autonómico: ¿modelo indefinido o modelo inacabado? /En/ *Estudios de Derecho constitucional.* Madrid: CEPC, 1998, p. 411-423.

ATIENZA, Manuel; RUÍZ MANERO, Juan. Dejemos atrás el positivismo jurídico./En/ *ISONOMÍA N° 27.* México: ITAM, 2007, p. 7-28.

AYALA CORAO, Carlos M. La Sala Constitucional de la Corte Suprema de Justicia. /En/ *Comentarios constitucionales.* Caracas: Editorial Jurídica Venezolana, 1996, p. 103-106.

BELTRÁN DE FELIPE, Miguel. GONZÁLEZ GARCÍA, Julio. *Las sentencias básicas del Tribunal Supremo de los Estados Unidos de América (2ª Ed.).* Madrid: CEPC/Boletín Oficial del Estado, 2006, 690 p.

BREWER-CARÍAS, Allan. *Constitutional courts as positive legislators. A comparative law study.* Cambridge: Cambridge University Press, 2011, 962 p.

BREWER-CARÍAS, Allan. *Constitutional courts as positive legislators in comparative law.* Ponencia General presentada al Congreso Internacional de Derecho Comparado, Washington, julio de 2010, 180 p.

BREWER-CARÍAS, Allan. *Crónica de la "in" justicia constitucional. La Sala Constitucional y el autoritarismo en Venezuela.* Caracas: Editorial Jurídica Venezolana, 2007, 702 p.

CALCAÑO DE TEMELTAS, Josefina. Notas sobre la necesidad de creación de la Sala Constitucional. /En/ *Revista de Derecho Administrativo N° 2.* Caracas: Sherwood, (enero-abril) 1998, p. 295-300.

CANZIAN, Nicola. *La reviviscenza delle norme nella crisi della certeza del diritto* (Tesis doctoral). Milán: Università degli Studi di Milano-Bicocca, 2017, 223 p. [en línea] https://boa.unimib.it/bitstream/10281/158259/2/phd_unimib_787840.pdf (última consulta: 24 de septiembre de 2023).

CARRIZO SAINERO, Gloria. Las normas de descripción bibliográfica: análisis comparativo de las más representativas. /En/ FERNÁNDEZ BAJÓN, María Teresa; LÓPEZ LÓPEZ, Pedro; LÓPEZ YEPES, José (coords.). *Estudios de biblioteconomía y documentación: homenaje a la profesora María Rosa Garrido Arilla.* Madrid: Escuela Universitaria de Biblioteconomía y Documentación, 2004, p. 217-232.

CASAL H., Jesús María. Algunos cometidos de la jurisdicción constitucional en la democracia. /En/ HASSEMER, Winfried. LÖSING, Norbert. CASAL H., Jesús María. *La jurisdicción constitucional, democracia y estado de derecho.* Caracas: UCAB, 2005, p. 105-140.

CASAL HERNÁNDEZ, Jesús María. La protección de la constitución frente a las omisiones legislativas. /En/ *Constitución y justicia constitucional* (2ª. Ed). Caracas: Universidad Católica Andrés Bello, 2004, p. 175-241.

CELOTTO, Alfonso. Reviviscenza degli atti normativi. /En/ *Enciclopedia giuridica.* Roma: Istituto della Enciclopedia Italiana, 1998, volumen 27, 9 p.

CONTE, Amedeo G. Tre domande sull'abrogazione. /En/ LUZZATI, Claudio (comp.). *L'abrogazione delle leggi. Un dibattito analitico.* Milán: Giuffrè, 1987, p. 39-45.

CRUZ VILLALÓN, Pedro. La estructura del Estado, o la curiosidad del jurista persa. /En/ *La curiosidad del jurista persa, y otros estudios sobre la Constitución (2ª Ed.).* Madrid: CEPC, 2006, 536 p.

DAHL, Robert A. *How democratic is the American constitution? (2a Ed.).* New Haven: Yale University Press, 2003, 224 p.

DE LA SIERRA, Susana. *Una metodología para el derecho comparado europeo. Derecho público comparado y derecho administrativo europeo.* Madrid: Thomson Civitas, 2004, 137 p.

DE OTTO, Ignacio. *Derecho constitucional. Sistema de fuentes (8ª Reimp. de la 2ª Ed.).* Barcelona: Ariel, 2001, 315 p.

DELGADO ECHEVERRÍA, Jesús. *Las normas derogadas. Validez, vigencia, aplicabilidad.* /En/ Derecho Privado y Constitución N° 17. Madrid: CEPC, enero-diciembre de 2003, p. 197-252.

DÍAZ REVORIO, Francisco Javier. *El control de constitucionalidad de las omisiones legislativas relativas en el derecho comparado europeo.* / En/ REDC N° 61. Madrid: CEPC, (enero-abril de) 2001, p. 81-130.

DÍEZ-PICAZO, Luis María. *La derogación de las leyes.* Madrid: Civitas, 1990, 377 p.

ENDICOTT, Timothy A.O. Herbert Hart and the semantic sting. / En/ COLEMAN, Jules (Ed.). *Hart's postscript. Essays on the postscript to the Concept of law (Reimp.).* Oxford: Oxford University Press, 2005, p. 39-58.

EZQUIAGA GANUZAS, Francisco Javier. Sobre "inconstitucionalidad y derogación". /En/ *Discusiones* N° 2. Bahía Blanca: UNS, 2001, p. 65-78. [en línea] https://www.cervantesvirtual.com/obra/sobre-inconstitucionalidad-y-derogacion/ (última consulta: 24 de septiembre de 2023).

FAVOREU, Louis. *Los tribunales constitucionales.* Prólogo de Marc Carrillo. Barcelona: Ariel, 1994, 158 p. Traducción de Vicente Villacampa. *Les cours constitutionelles.*

FERNÁNDEZ RODRÍGUEZ, José Julio. *La inconstitucionalidad por omisión. Teoría general. Derecho comparado, El caso español.* Madrid: Civitas, 1998, 486 p.

FERRERES COMELLA, Víctor. *Justicia constitucional y democracia (2ª Ed.).* Madrid: CEPC, 2007, 278 p.

FRANCO, A. *Considerazioni sulla dichiarazione di inconstitucionalità di disposizioni expresamente abrogatici.* /En/ Giurisprudenza costituzionale, II, 1974, Giuffrè, Milán, p. 3444 y s.

GARCÍA DE ENTERRÍA, Eduardo; FERNÁNDEZ, Tomás-Ramón. *Curso de Derecho administrativo I (13ª Ed.).* Madrid: Thomson Civitas, 2006, 825 p.

GASCÓN ABELLÁN, Marina. *Cuestiones sobre la derogación.* /En/ DOXA Núms. 15-16. Alicante: UA, 1994, p. 845-859.

GUASTINI, Riccardo. Bobbio, o de la distinción. /En/ *Distinguiendo. Estudios de teoría y meta-teoría del derecho*. Barcelona: Gedisa, 1999, 58-77.

GUASTINI, Riccardo. Cinco observaciones sobre validez y derogación. /En/ *Discusiones* N° 2. Bahía Blanca: UNS, 2001, p. 59-63. [en línea] https://www.cervantesvirtual.com/obra/cinco-observaciones-sobre-validez-y-derogacion/ (última consulta: 24 de septiembre de 2023).

GUASTINI, Riccardo. In tema di abrogazione. /En/ LUZZATI, Claudio (comp.). *L'abrogazione delle leggi. Un dibattito analitico*. Milán: Giuffrè, 1987, p. 3-31.

GUASTINI, Riccardo. Replica. /En/ LUZZATI, Claudio (comp.). *L'abrogazione delle leggi. Un dibattito analitico*. Milán: Giuffrè, 1987, p. 97-113.

HAMILTON, A. MADISON, J. JAY, J. *El federalista (1a Reimp. de la 2a Ed.)*. México: Fondo de Cultura Económica, 2004, 430 p.

IGLESIAS VILA, Marisa. *El problema de la discreción judicial. Una aproximación al conocimiento jurídico*. Madrid: Centro de Estudios Políticos y Constitucionales, 1999, 296 p.

JIMÉNEZ CAMPO, Javier. La declaración de inconstitucionalidad de la ley. /En/ RUBIO LLORENTE, Francisco; JIMÉNEZ CAMPO, Javier. *Estudios sobre jurisdicción constitucional*. Madrid: McGraw-Hill, 1998, p. 109-154.

JIMÉNEZ CAMPO, Javier. *Sobre la derogación de las leyes*. /En/ Revista Española de Derecho Constitucional N° 33. Madrid: CEC, septiembre-diciembre de 1991, p. 275-281.

JORI, Mario. Abrogazione, validità, atti linguistici. /En/ LUZZATI, Claudio (comp.). *L'abrogazione delle leggi. Un dibattito analitico*. Milán: Giuffrè, 1987, p. 47-64.

KELSEN, Hans. Derogar: cancelar la vigencia de una norma por otra. /En/ *Teoría general de las normas (trad. de Hugo Carlos Delory Jacobs)*. México: Trillas, 1994, p. 115-122.

KELSEN, Hans. *La garantía jurisdiccional de la Constitución (La justicia constitucional)*. México: UNAM, 2001, 107 p. Traducción de Rolando Tamayo y Salmorán. *La garantie jurisdictionnelle de la Constitution (La justice constitutionnelle)*

KELSEN, Hans. ¿Quién debe ser el defensor de la constitución? (*Reimp. de la 2ª Ed.*). Madrid: Tecnos, 2002, 82 p.

LIFANTE VIDAL, Isabel. *Dos conceptos de discrecionalidad jurídica*. /En/ *DOXA N° 25*. Alicante: UA, 2002, p. 413-439.

LILLA, Mark. *Pensadores temerarios. Los intelectuales en la política*. Caracas: Debate, 2005, 190 p.

LÓPEZ GUERRA, Luis. *Las sentencias básicas del Tribunal Constitucional (2ª Ed.)*. Madrid: CEPC; Boletín Oficial del Estado, 2000, 642 p.

LUZZATI, Claudio. Abrogazione e indeterminatezza dell'ordinamento giuridico. /En/ LUZZATI, Claudio (comp.). *L'abrogazione delle leggi. Un dibattito analitico*. Milán: Giuffrè, 1987, p. 65-75.

MAZZARESE, Tecla. Variazioni in tema d'abrogazione. /En/ LUZZATI, Claudio (comp.). *L'abrogazione delle leggi. Un dibattito analitico*. Milán: Giuffrè, 1987, p. 77-91.

MORESO MATEOS, José Juan. *Sobre normas inconstitucionales*. /En/ REDC N° 38: CEC, (mayo-agosto de) 1994, p. 81-115.

MORLES HERNÁNDEZ, Alfredo. El retiro de Venezuela de la Comunidad Andina de Naciones y sus efectos en la legislación mercantil. /En/ *Revista de la Facultad de Ciencias Jurídicas y Políticas N° 127*. Caracas: Universidad Central de Venezuela, 2007, p. 279-304.

MUÑOZ MACHADO, Santiago. *Tratado de Derecho administrativo y Derecho público general II*. Madrid: Iustel, 2006, 1405 p.

NAVARRO, Pablo E. Casos difíciles, lagunas en el derecho y discreción judicial. /En/ ATRIA, Fernando; BULYGIN, Eugenio; MORESO, José Juan (*et. al.*). *Lagunas en el derecho. Una controversia sobre el derecho y la función judicial*. Madrid: Marcial Pons, 2005, p. 87-101.

NIETO, Alejandro; GORDILLO, Agustín. *Las limitaciones del conocimiento jurídico*. Madrid: Trotta, 2003, 91 p.

PIZZORUSSO, Alessandro. *Lecciones de Derecho constitucional*. Prólogo de Francisco Rubio Llorente. Madrid: CEC, 1984, Tomo II, 484 p. Traducción de Javier Jiménez Campo. *Lezioni di Diritto costituzionale*.

PRIETO SANCHÍS, Luis. *Interpretación jurídica y creación judicial del derecho*. Lima; Bogotá: Palestra; Temis, 2007, 295 p.

PRIETO SANCHÍS, Luis. Neoconstitucionalismo y ponderación judicial. /En/ CARBONELL, Miguel (Ed). *Neoconstitucionalismo(s) (2ª Ed.)*. Madrid: Trotta, 2005, p. 123-158.

RONDÓN DE SANSÓ, Hildegard. *La situación actual de la propiedad industrial (Venezuela-noviembre 2008)*. Caracas: Lito-Formas, 2008, 265 p.

RUBIO LLORENTE, Francisco. Prólogo. /En/ DÍEZ-PICAZO, Luis María. *La derogación de las leyes*. Madrid: Civitas, 1990, p. 17-26.

SANCHEZ-COVISA, Joaquín. *La vigencia temporal de la ley en el ordenamiento jurídico venezolano (reed.)*. Caracas: Academia de Ciencias Políticas y Sociales, 2007, 247 p.

SAUCA, José María. *Cuestiones lógicas en la derogación de las normas*. México: Fontamara, 2001, 184 p.

SCHMILL ORDÓÑEZ, Ulises. *La derogación y la anulación como modalidades del ámbito temporal de validez de las normas jurídicas*. /En/ DOXA N° 19. Alicante: UA, 1996, p. 229-258.

SCHMILL O., Ulises. Observaciones a "inconstitucionalidad y derogación". En/ *Discusiones* N° 2. Bahía Blanca: UNS, 2001, p. 79-119. [en línea] https://www.cervantesvirtual.com/obra/observaciones-a-inconstitucionalidad-y-derogacion/ (última consulta: 24 de septiembre de 2023).

SCHMITT, Carl. *La defensa de la constitución (2ª Ed.)*. Madrid: Tecnos, 1998, p. 255.

WALDRON, Jeremy. The core of the case against judicial review./ En/ *The Yale Law Review*, Vol. 115, N° 6, 2006, p. 1346-1486.

La reviviscencia de las leyes: una potestad discrecional de los tribunales constitucionales. Especial referencia al caso venezolano de Tomás A. Arias Castillo se imprimió en la República Argentina
en marzo de 2024.